# 관음경 한글 사경

우룡 큰스님 옮김

불교신행연구원 엮음

한량없는 세월동안 몸이나 물질로 보시한 공덕보다
경전을 사경하고 독송한 공덕이 훨씬 더 뛰어나니라

새벽숲

## · 관음경 사경과 영험

사경은 기도와 수행의 한 방법이며, 우리의 삶을 밝은 쪽으로 바른 쪽으로 행복한 쪽으로 나아가게 하는 거룩한 불사입니다. 관음경을 써보십시오. 관음경을 눈으로 보고 입으로 외우고 손으로 쓰고 마음에 새기는 사경기도는 크나큰 성취를 안겨줍니다.

더욱이 관음경은 중생을 남김없이 구제하겠다는 관세음보살님의 크나큰 원력과 실천행을 설한 경전이기 때문에, 이 경전을 사경하고 독경하면 관세음보살님의 한량없는 가피가 저절로 찾아들어, 집안이 편안해짐은 물론이요 업장소멸을 비롯한 갖가지 소원을 쉽게 성취할 수 있습니다.

특히 다음과 같은 원의 성취를 바란다면 관음경 사경을 해보십시오.

· 각종 재난 · 시비 · 구설수 등을 소멸시키고자 할 때
· 병고(病苦)를 없애고 건강한 몸을 회복 하고자 할 때
· 삼독(三毒), 곧 탐욕과 분노와 어리석음의 소멸을 원할 때
· 복덕과 지혜를 갖춘 아기를 갖기를 원할 때
· 잉태한 아기의 건강과 순산, 그리고 자녀의 건강을 기원할 때
· 집안의 평온하고 복되고 안정된 삶을 원할 때
· 넉넉한 재물과 좋은 환경을 원할 때
· 입시 등 각종 시험의 합격을 원할 때
· 개업 및 사업의 번창을 바랄 때
· 구하는 바를 뜻대로 이루고자 할 때
· 높은 지위와 명예를 얻고자 할 때
· 풍부한 자비심과 지혜를 갖추고 마침내 성불하고자 할 때

이 밖에도 관음경 사경의 영험은 이루 다 말할 수 없습니다.

## · 관음경 사경의 순서

1. 경문을 쓰기 전에

① 먼저 3배를 올리고 삼귀의를 한 다음, 관음경 사경집을 펼치고 기본적인 축원부터 세 번씩 합니다.

"시방세계의 충만하신 불보살님이시여, 세세생생 지은 죄업 모두 참회합니다.

이제 관음경을 사경하는 공덕을 일체 중생의 행복을 위해 바칩니다.

아울러 저희 가족 모두가 늘 건강하옵고, 하는 일들이 다 순탄하여지이다."

② 이렇게 기본적인 축원을 한 다음, 꼭 성취되기를 바라는 일상의 소원들을 함께 축원하십시오. 예를 들면,

"대자대비하신 관세음보살님이시여, 가피를 내려 이 죄업 중생의 업장을 녹여 주시옵고, · · ·가 꼭 성취되게 하옵소서."

라고 합니다. 이 경우, 그 구체적인 소원들을 문장으로 만들어 10페이지의 '관음경 사경 발원문' 난에 써놓고, 사경하기 전과 사경을 마친 다음 세 번씩 축원을 하면 좋습니다.

③ 축원을 한 다음「개법장진언」'옴 아라남 아라다'를 세 번 염송하고, 이어 관음경의 본래 이름인 '나무묘법연화경 관세음보살보문품'을 세 번 외웁니다. 경의 제목은 그 경전 내용의 핵심을 함축하고 있고 공덕이 매우 크기 때문에 꼭 세 번씩 염송하기를 당부드리는 것입니다.


2. 경문을 쓸 때

① 이 관음경을 사경할 때는 진한 글씨로 쓴 부분 및 한문 게송, 한글 위에 표기한 한자는 쓰지 않습니다.

② 사경을 할 때 애써 바탕글씨와 똑같이 베껴 쓰는 분이 있는데, 시간이 너무 오래 걸리므로 꼭 그렇게 쓸 필요는 없습니다. 바탕글씨를 크게 벗어나

지 않는 범위 내에서 자기 필체로 쓰면 됩니다.

③ 관음경을 사경할 때는 '그냥 한 편을 쓰기만 하면 된다'는 자세로 뜻을 새기지 않고 사경을 해서는 절대로 안 됩니다. 스스로 뜻을 새기고 이해를 하여 관세음보살님의 자비속으로 빠져드는 것이 무엇보다 중요하다는 것을 꼭 명심하시기 바랍니다.

④ 사경을 한다고 하여 처음부터 끝까지 좔좔좔 시냇물 흘러가듯 써내려 가야 할 필요는 없습니다. 관음경을 쓰다가 특별히 마음에 와닿는 구절이 있거나 새기고 싶은 이야기가 있으면 다시 한 번 읽으면서 사색에 잠기는 것도 좋습니다. 이렇게 사경을 하게 되면 관음경의 내용이 곧바로 '나'의 것이 되고, 관음경의 가르침이 '나'의 것이 되면 소원성취가 점점 가까워질 뿐아니라 무량공덕이 저절로 생겨나게 됩니다.

⑤ 그날 해야 할 사경을 마쳤으면 다시 스스로가 만든 '관음경 사경 발원문'을 세 번 읽고 3배를 드린 다음 사홍서원을 하고, '부처님 감사합니다. 감사합니다. 감사합니다'와 '관세음보살님 감사합니다. 감사합니다. 감사합니다'를 염하며 끝을 맺습니다.


· 사경 기간 및 횟수

① 이 사경집은 관음경을 다섯 번 쓸 수 있도록 엮었습니다. 만약 아주 간략한 소원이라면 열 번 정도의 사경으로도 족하겠지만, 꼭 이루고 싶은 특별한 소원이 있다면 그만큼의 정성이 쌓여야 마땅하므로 1백 번의 사경을 감히 권하여 봅니다.

② 인쇄한 글씨 위에 억지로 덧입히며 쓰지 않고 자기 필체로 쓰게 되면 한 페이지에 보통 5분~7분 정도 걸리며, 하루 만에 관음경 한 권을 다 쓰게

되면 75분~110분이 소요됩니다.

만약 기도할 시간이 넉넉하지 않아 한 시간 정도에서 끝마치고자 한다면 관음경 전체를 이틀에 나누어 사경하는 것도 한 방법입니다. 이 경우의 사경 기도는 하루 1시간 정도면 충분하고, 이렇게 관음경을 50번 쓰면 총 100일에 맞출 수 있습니다. 곧 백일기도가 되는 것입니다.

한 가지 더 당부드릴 것은, 만약 오늘 관음경 앞부분을 사경한다면 나머지 뒷부분은 독송을 하고, 뒷부분을 사경한다면 앞부분을 읽은 다음 뒷부분을 쓰라는 것입니다. 이렇게 하면 관음경 전체의 내용을 고스란히 담을 수 있습니다.

③ 또 사경 끝에 '관세음보살' 염불을 병행하는 경우라면 30번 사경에 30번 염불 또는 1시간 사경에 1시간 염불을 하는 것도 바람직합니다.

각자의 원력과 형편에 맞추어 적당히 나누어 쓰고, 적당한 시간을 염불 하십시오. 단, 불보살님과의 약속이니 지킬 수 있을 만큼 나누되, 너무 쉬운 쪽만은 택하지 않기를 바랍니다.

④ 매일 쓰다가 부득이한 일이 발생하여 못 쓰게 될 경우가 있습니다. 그때는 꼭 마음속으로 부처님께 못 쓰게 된 사정을 고하면서 '다음 날 또는 사경 기간을 하루 더 연장하여 반드시 쓰겠다' 고 약속하면 됩니다.


## ·관음염불의 방법

관음경사경을 통하여 관세음보살님의 대위신력을 마음에 담은 불자라면, 독경 후 축원과 회향을 한 다음 곧바로 '관세음보살' 을 외우며 관세음보살의 가피를 담는 염불을 행하는 것이 매우 좋습니다. 하여 관음염불의 방법과 요령을 간략히 이야기 하겠습니다.

## 1. '관세음보살'의 명호를 입으로 외울 때의 요령

'관세음보살'을 염하는 관음염불의 방법은 따로 정해져 있는 것은 아닙니다. 입으로 외우라 했다고 하여 반드시 입 밖으로 큰소리가 나와야 하는 것도 아닙니다. 때로는 크게 할 수도 있고, 때로는 작게 할 수도 있으며, 때로는 혼자만의 속삭임처럼 외울 수도 있습니다. 마음이 답답하거나 다급한 일이 있다면 절을 하면서 크게 외칠 수도 있습니다.

다만 염불하는 소리는 끊임없이 이어지도록 하는 것이 최상입니다. 남이 듣는 소리로서가 아니라, 내가 염불하는 소리를 내 귀로 분명히 들으며 끊임없이 이어가면 됩니다.

그렇게 하기 위해서는 염불을 시작하기 전에 심호흡을 세 번 또는 일곱 번 하는 것이 좋습니다. 그리고 아랫배까지 숨을 가득 들이켜 '관—세음—보—살, 관—세음—보—살' 하면서 천천히 시작하되, 다섯 번 정도가 지나면서부터 점점 빨리 부르기 시작하여 마침내는 한번 한번 부르는 '관세음보살' 명호의 앞뒤가 간격이 없을 만큼 빠르게 불러야 합니다.

이때 염불을 하고 있는 사람은 한번 한번 '관세음보살'을 분명히 염송하지만, 옆에 있는 사람은 무슨 소리인지 잘 알아듣지를 못합니다. 그리고 입만 달싹거릴 뿐, 소리가 거의 밖으로 새어나오지 않게 불러도 무방합니다.

숨을 내쉴 때만 '관세음보살'을 외우는 것이 아니라, 숨을 들이쉴 때도 외어야 합니다. 또한 염불을 하면서 숨을 들이킬 때는 그 기운이 몸 깊숙한 곳까지 들어가도록 해야 합니다. 곧, 짧은 호흡이 아니라 긴 호흡을 하면서 염불하라는 것입니다. 이렇게 하면 단 1초도 염불이 끊어지지 않게 됩니다.

우리가 살고 있는 이 법계에는 자비와 행복의 기운이 가득 충만되어 있습니다. 그 자비와 행복의 기운을 '나'의 것으로 만들게 하는 것이 관음염불입니다. 오히려 지금의 시련을 '나'의 업장을 녹여 큰 복을 담을 수 있는 기회로 생각하고, 꼭 관음경 사경 뒤에 관음염불을 해보시기를 당부드립니다.

## 2. 항상 마음으로는 '감사합니다'

관음염불을 할 때는 항상 '잘못했습니다', '감사합니다' 라는 마음가짐이 지속되어야 함이 원칙입니다. 참회하고 감사를 느낄 때 대우주의 성취 파장이 가장 빨리 다가오기 때문입니다.

그러므로 관세음살님의 명호를 부르면서, 마음 속으로는 '감사합니다, 관세음보살님', '관세음보살님, 저희의 소원을 이루어 주셔서 감사합니다' 등의 속삭임이 끊임없이 이어져야 합니다.

그리고 소원이 있으면 '관세음보살님께서 알아서 해주겠지' 하지 말고, 함축성 있는 발원의 구절을 만들어 봄이 좋습니다. 이 경우, '나'의 이기적인 욕심만 풀어놓지 말고 자리이타(自利利他)가 될 수 있는 원을 발하여야 합니다.

이렇게 무조건 잘못을 참회하고 감사하면서, 나와 남을 함께 이롭게 하는 자리이타의 원을 발하여 보십시오. 모든 업장을 만들었던 이기심이 스르르 무너지면서 가피를 입음은 물론이요, 새롭게 태어날 수 있습니다.

한가지 더 당부드리고 싶은 것은, 관음경 사경이나 관음염불이 모두 끝난 다음 가족을 향해 3배를 올리라는 것입니다.

가족을 향해 3배를 할 때는 불보살님께 예배를 올리듯이 정성껏하여야 합니다. 물론 그 당사자 앞에 가서 하라는 것은 아닙니다. 부모나 배우자, 아들딸이 있는 쪽을 향해 몸을 돌려서 절을 하거나, 기도하는 그 자리에서 가족의 모습을 떠올리며 절을 하면 됩니다.

여법히 잘 사경하고 염불하시기를 두 손 모아 축원드립니다.
나무대자대비관세음보살마하살 나무관음경 나무관세음보살보문품

개법장진언
開法藏眞言

옴 아라남 아라다(3번)

나무묘법연화경 관세음보살보문품(3번)

# 관 음 경
## 觀 音 經
### - 관세음보살보문품 -

無盡意菩薩
그때 무진의보살이 자리에서 일어나, 오른쪽 어깨를 드러내고 부처님을 향해 합장을 하고 아뢰었다.

세존이시여, 관세음보살은 어떠한 인연으로
觀世音
'관세음'이라 이름하게 되었나이까?

부처님께서 무진의보살에게 이르셨다.

선남자여, 만약 백천만억의 한량없는 중생이 여러가지 괴로움을 받게 되었을 때 '관세음보살'이라는 이름을 듣고 일심으로 관세음보살의

명호를 부르면, 관세음보살은 즉시에 그 음성을
관하여 모두에게 해탈을 얻을 수 있게 하느니라.

　만약 이 관세음보살의 명호를 기억하고 외우
는 이가 있다면, 설령 큰 불 속에 들어가게 될
지라도 불이 그를 태우지 못하나니, 이는 관세
음보살의 위신력(威神力) 때문이니라.
　또 큰물에 빠져 표류할지라도 그 명호를 부
르면 곧 얕은 곳에 이르게 되느니라.

　만약 백천만억의 중생이 금·은·유리·자
거·마노·산호·호박·진주 등의 보배를 구하
기 위하여 큰 바다로 나아갔다가 모진 바람을
만나 배가 나찰귀의 나라에 이르게 되었을지라
도, 그 가운데 한 사람만이라도 관세음보살의 명
호를 부르는 자가 있으면 모든 사람들이 나찰
의 환란을 해탈하게 되나니, 이러한 인연으로 인
해 이름을 '관세음'이라 하느니라.
　또한 어떤 사람이 피해를 당하게 되었을 때

관세음보살의 명호를 부르면, 해치고자 했던 사람의 손에 들린 칼과 몽둥이가 조각조각 부서져 해탈을 얻게 되느니라.

만약 삼천대천국토에 가득한 야차와 나찰들이 와서 사람을 괴롭히고자 하여도, 관세음보살의 명호를 부르는 소리를 듣게 되면 이 모든 악귀들이 그 사람을 악한 눈으로 볼 수조차 없게 되거늘, 어떻게 해를 입힐 수가 있겠느냐.

또한 어떤 사람이 죄가 있거나 죄가 없거나 수갑과 쇠고랑과 나무칼로 씌워 그 몸을 결박당하게 되었을 때, 관세음보살의 명호를 부르면 모두 끊어지고 부수어져 곧 해탈을 얻게 되느니라.

만약 삼천대천국토 중의 도적떼가 가득한 곳을 한 상주(商主)가 여러 상인들을 거느리고 값진 보배를 휴대하여 험한 길을 지나갈 때 그 가운데 한 사람이 말하기를,

"선남자들이여, 두려워 하지 말라. 그대들은 마땅히 일심으로 관세음보살의 명호를 불러라. 이 보살은 능히 '두려움 없음〔無畏〕'을 중생들에게 베풀어주신다. 그대들이 만약 그 명호를 부른다면 도적떼의 피해를 반드시 벗어나리라."

여러 상인들이 이 말을 듣고 함께 '나무관세음보살'을 부르면, 그 명호를 부르는 공덕으로 곧 해탈을 얻게 되느니라.

무진의여, 관세음보살마하살의 위신력은 이와같이 높고 크느니라.


만약 어떤 중생이 음욕심이 많을지라도 관세음보살을 항상 공경히 생각하면 문득 음욕을 여의고,

만약 성을 잘 낼지라도 관세음보살을 항상 공경히 생각하면 문득 성냄을 여의며,

만약 어리석음이 많을지라도 관세음보살을 항상 공경히 생각하면 문득 어리석음을 여의느니라.

무진의여, 관세음보살에게는 이와같은 대위 <sup>大威</sup>
신력이 있어 넉넉하고 풍족하게 이익을 베풀어
주나니, 그러므로 중생들은 항상 마음으로 생각
해야 하느니라.

만약 어떠한 여인이 아들을 얻고자 하여 관
세음보살에게 예배를 하고 공양을 하면 복덕과
지혜를 갖춘 아들을 낳고,
딸을 얻고자 하면 문득 인물이 단정하고 아
름다운 딸을 낳으리니,
그 자녀들은 숙세에 덕의 근본을 심었기 때
문에 많은 사람들의 사랑과 존경을 받느니라.
무진의여, 관세음보살은 이와같은 힘이 있느
니라.

만약 어떠한 중생이라도 관세음보살을 공경
하고 예배하면 그 복이 헛되지 않나니, 이와같
은 까닭으로 중생은 마땅히 관세음보살의 명호
를 수지해야 하느니라.

무진의여, 만약 어떤 사람이 62억 항하의 모래알 수처럼 많은 보살의 이름을 받아 지니고, 다시 그의 목숨이 다할 때까지 음식과 의복과 침구와 의약으로 공양을 한다면, 네 생각은 어떠하냐? 이 선남자 선여인의 공덕이 많겠느냐 적겠느냐?

　　무진의보살이 사뢰었다.

　　매우 많겠나이다, 세존이시여.

　　부처님께서 이르셨다.

　　만약 또 다른 어떤 사람이 있어 관세음보살의 명호를 받아 지니고[受持] 한 때라도 예배공양을 하면 이 두사람의 복이 꼭 같아 다름이 없으며, 백천만억겁이 지날지라도 그 복은 다함이 없느니라.
　　무진의여, 관세음보살의 이름을 받아 지니면

이와같이 한량이 없고 끝이 없는 복덕의 이익을 얻게 되느니라.

무진의보살이 부처님께 사뢰었다.

세존이시여, 관세음보살은 어떠한 모습으로 이 사바세계에서 노니시며, 어떠한 방법으로 중생을 위하여 법을 설하시며, 그 방편의 힘은 어떠하옵니까?

부처님께서 무진의보살에게 이르셨다.

선남자여, 만약 어떠한 국토의 중생이
부처님의 몸으로 응하여 제도를 해야 할 이가 있으면 관세음보살은 곧 부처님의 몸을 나타내어 그를 위해 법을 설하고
벽지불의 몸으로 응하여 제도를 해야 할 이가 있으면 곧 벽지불의 몸을 나타내어 법을 설하며

17

성문(聲聞)의 몸으로 응하여 제도를 해야 할 이가 있으면 곧 성문의 몸을 나타내어 법을 설하느니라.

범천왕(梵天王)의 몸으로 응하여 제도를 해야 할 이가 있으면 곧 범천왕의 몸을 나타내어 법을 설하고

제석천왕(帝釋天王)의 몸으로 응하여 제도를 해야 할 이가 있으면 곧 제석천왕의 몸을 나타내어 법을 설하며

자재천(自在天)의 몸으로 응하여 제도를 해야 할 이가 있으면 곧 자재천의 몸을 나타내어 법을 설하며

대자재천(大自在天)의 몸으로 응하여 제도를 해야 할 이가 있으면 곧 대자재천의 몸을 나타내어 법을 설하며

하늘나라 대장군의 몸으로 응하여 제도를 해야 할 이가 있으면 곧 하늘나라 대장군의 몸을 나타내어 법을 설하며

비사문천왕(毘沙門天王)의 몸으로 응하여 제도를 해야 할

이가 있으면 곧 비사문천왕의 몸을 나타내어 법을 설하며

인간세계 왕의 몸으로 응하여 제도를 해야 할 이가 있으면 곧 인간세계 왕의 몸을 나타내어 법을 설하며

장자(長者)의 몸으로 응하여 제도를 해야 할 이가 있으면 곧 장자의 몸을 나타내어 법을 설하며

거사(居士)의 몸으로 응하여 제도를 해야 할 이가 있으면 곧 거사의 몸을 나타내어 법을 설하며

재상과 같은 관리의 몸으로 응하여 제도를 해야 할 이가 있으면 곧 재관(宰官)의 몸을 나타내어 법을 설하며

바라문의 몸으로 응하여 제도를 해야 할 이가 있으면 곧 바라문의 몸을 나타내어 법을 설하며

비구(比丘)·비구니(比丘尼)·우바새(優婆塞)·우바이(優婆夷)의 몸으로 응하여 제도를 해야 할 이가 있으면 곧 비구·비구니·우바새·우바이의 몸을 나타내어 법을 설하며

장자·거사·재관·바라문의 부녀자<sup>婦女子</sup>의 몸으
로 응하여 제도를 해야 할 이가 있으면 곧 부녀
자의 몸을 나타내어 법을 설하며

동남<sup>童男</sup>·동녀<sup>童女</sup>의 몸으로 응하여 제도를 해야 할
이가 있으면 곧 동남·동녀의 몸을 나타내어
법을 설하며

천<sup>天</sup>·용<sup>龍</sup>·야차<sup>夜叉</sup>·건달바·아수라·가루라·
긴나라·마후라가·인비인<sup>人非人</sup> 등의 몸으로 응하여
제도를 해야 할 이가 있으면 곧 천·용 등의 몸
을 나타내어 법을 설하며

집금강신<sup>執金剛神</sup>의 몸으로 응하여 제도를 해야 할 이
가 있으면 곧 집금강신의 몸을 나타내어 법을
설하느니라.


무진의여, 관세음보살은 이와같이 공덕을 성
취하여 다양한 모습으로 모든 국토를 노닐며 중
생을 제도하고 해탈케 하느니라. 그러므로 너희
들은 마땅히 일심으로 관세음보살을 공양할지
니라.

이 관세음보살마하살은 두렵고 급한 환란 속에 처했을 때 두려움 없음을 베풀어주나니, 이와같은 까닭으로 사바세계에서 모두다 이르기를 '두려움 없음을 베푸는 이[施無畏者]'라 하느니라.

무진의보살이 부처님께 사뢰었다.

세존이시여, 저는 지금 관세음보살께 공양을 올리고자 하옵니다.

그리고는 곧바로 백천냥금의 가치를 지닌 수많은 보석으로 이루어진 목걸이를 풀어 바치면서 말하였다.

어진이시여, 이 법시(法施)의 진귀한 보배 목걸이를 받아주소서.

그러나 관세음보살께서 받으려 하지 아니하므

로, 무진의보살이 다시 관세음보살께 말하였다.

어진이시여, 저희들을 불쌍히 여기시어 이 목걸이를 받으소서.

그때 부처님께서 관세음보살에게 이르셨다.

마땅히 무진의보살을 비롯한 사부대중과 천·용·야차·건달바·아수라·가루라·긴나라·마후라가·인비인 등을 불쌍히 여겨 이 목걸이를 받을지니라.

그 즉시 관세음보살은 사부대중과 천·용·인비인 등을 불쌍히 여겨 목걸이를 받은 다음 둘로 나누어, 한 몫은 석가모니불께 바치고 한 몫은 다보여래(多寶如來)의 탑에 바치었다.

무진의여, 관세음보살에게는 이와같은 자재한 신통력이 있어 사바세계를 자유로이 노니느

니라.

    그때에 무진의보살이 게송으로 여쭈었다.

묘한 상호 구족하신 세존이시여  
제가 이제 다시금 여쭈옵니다  
저 불자는 어떠한 인연으로서  
관세음이라 이름하게 되었나이까  

세존묘상구  
世尊妙相具  
아금중문피  
我今重問彼  
불자하인연  
佛子何因緣  
명위관세음  
名爲觀世音  

묘한 상호 구족하신 세존께오서  
게송으로 무진의에게 답하셨도다  

구족묘상존  
具足妙相尊  
게답무진의  
偈答無盡意  

그대는 들을지니 관음의 덕행은  
어느 곳 할 것 없이 다 응하느니라  

여청관음행  
汝聽觀音行  
선응제방소  
善應諸方所  

그 서원의 넓고 깊음 바다 같나니  
한량없는 아득한 겁 지내오면서  
천만억의 부처님을 모두 모시고  
맑고 맑은 대원을 세웠느니라  

홍서심여해  
弘誓深如海  
역겁부사의  
歷劫不思議  
시다천억불  
侍多千億佛  
발대청정원  
發大淸淨願  

23

이제 그대 위해 간략히 설하리니
그 이름을 듣거나 그 몸을 보고
마음 모아 지극히 생각을 하면
능히 모든 괴로움을 멸하리로다

아 위 여 약 설
我爲汝略説
문 명 급 견 신
聞名及見身
심 념 불 공 과
心念不空過
능 멸 제 유 고
能滅諸有苦

어떤 이가 해치려는 생각을 품고
불구덩이 속으로 밀어 떨어뜨려도
저 관세음보살을 생각하는 힘으로
불구덩이가 문득 연못으로 변하리

가 사 흥 해 의
假使興害意
추 락 대 화 갱
推落大火坑
염 피 관 음 력
念彼觀音力
화 갱 변 성 지
火坑變成池

어쩌다 큰 바다에 빠져 표류를 하고
용과 물고기와 귀신의 난을 만나도
저 관세음보살을 생각하는 힘으로
파도가 능히 삼키지를 못하느니라

혹 표 류 거 해
或漂流巨海
용 어 제 귀 난
龍魚諸鬼難
염 피 관 음 력
念彼觀音力
파 랑 불 능 몰
波浪不能沒

수미산과 같은 높은 봉우리에서
어떤 이가 갑자기 밀어 떨어뜨려도
저 관세음보살을 생각하는 힘으로
해와 같이 허공에 머무르게 되며

혹 재 수 미 봉
或在須彌峰
위 인 소 추 타
爲人所推墮
염 피 관 음 력
念彼觀音力
여 일 허 공 주
如日虛空住

흉악한 사람에게 쫓기는 바가 되어
험난한 금강산에서 굴러 떨어질지라도
저 관세음보살을 생각하는 힘으로
털끝 하나 상하지 않게 되느니라

혹피악인축
或被惡人逐
타락금강산
墮落金剛山
염피관음력
念彼觀音力
불능손일모
不能損一毛

원수나 도둑들이 주위를 에워싸고
제각기 칼을 들고 해치려 할지라도
저 관세음보살을 생각하는 힘으로
도리어 그들이 자비심을 일으키네

혹치원적요
或值怨賊遶
각집도가해
各執刀加害
염피관음력
念彼觀音力
함즉기자심
咸卽起慈心

왕으로부터 벌을 받는 고난을 만나
형을 받고 죽음이 임박했을지라도
저 관세음보살을 생각하는 힘으로
칼날 등의 흉기가 조각조각 부서지며

혹조왕난고
或遭王難苦
임형욕수종
臨刑欲壽終
염피관음력
念彼觀音力
도심단단괴
刀尋段段壞

불행히 옥에 갇혀 큰 칼을 쓰거나
손과 발에 쇠고랑을 찼을지라도
저 관세음보살을 생각하는 힘으로
시원스레 풀어져 자유를 얻느니라

혹수금가쇄
或囚禁伽鎖
수족피추계
手足被杻械
염피관음력
念彼觀音力
석연득해탈
釋然得解脫

25

주슬과 저주와 여러가지 독약으로
해치려는 사람이 있을지라도
저 관세음보살을 생각하는 힘으로
오히려 그 사람이 해를 입게 되느니라

呪詛諸毒藥
주저제독약
所欲害身者
소욕해신자
念彼觀音力
염피관음력
還着於本人
환착어본인

흉악하기 그지없는 나찰을 만나고
독룡이나 여러 악귀 만날지라도
저 관세음보살을 생각하는 힘으로
누구라도 감히 해치지 못하느니라

惑遇惡羅刹
혹우악나찰
毒龍諸鬼等
독룡제귀등
念彼觀音力
염피관음력
時悉不敢害
시실불감해

사나운 짐승들이 주위를 에워싸고
날카로운 이빨과 발톱으로 위협해도
저 관세음보살을 생각하는 힘으로
아득히 먼 곳으로 흩어져 달아나며

若惡獸圍繞
약악수위요
利牙爪可怖
이아조가포
念彼觀音力
염피관음력
疾走無邊方
질주무변방

살모사 등의 독사나 전갈류들이
타는 불의 연기처럼 독기를 뿜어도
저 관세음보살을 생각하는 힘으로
그 소리를 듣고서 스스로 돌아가느니라

蚖蛇及蝮蠍
원사급복갈
氣毒煙火燃
기독연화연
念彼觀音力
염피관음력
尋聲自廻去
심성자회거

먹구름이 덮히며 천둥 번개가 치고　　운뇌고철전<br>
雲雷鼓掣電

우박과 소나기가 크게 퍼부을지라도　　강박주대우<br>
降雹澍大雨

저 관세음보살을 염하는 힘으로　　염피관음력<br>
念彼觀音力

삽시간에 구름 걷혀 활짝 개이느니라　　응시득소산<br>
應時得消散


중생이 갖가지 곤란과 액난을 당해　　중생피곤액<br>
衆生被困厄

무량한 고통이 몸을 핍박할 때　　무량고핍신<br>
無量苦逼身

관세음보살은 묘한 지혜의 힘으로　　관음묘지력<br>
觀音妙智力

세간의 고통에서 능히 구해주느니라　　능구세간고<br>
能救世間苦


신통력을 두루 갖추고　　구족신통력<br>
具足神通力

널리 지혜의 방편을 닦아　　광수지방편<br>
廣修智方便

시방세계 어느 국토 할 것 없이　　시방제국토<br>
十方諸國土

몸을 나타내지 않는 곳이 없으며　　무찰불현신<br>
無刹不現身


갖가지 모든 나쁜 세계 중생들　　종종제악취<br>
種種諸惡趣

지옥과 아귀와 축생 뿐아니라　　지옥귀축생<br>
地獄鬼畜生

나고 늙고 병들어 죽는 고통도　　생로병사고<br>
生老病死苦

차츰차츰 모두 다 없애느니라　　이점실영멸<br>
以漸悉令滅

참됨을 관하고 청정함을 관하고　　　　　眞觀淸淨觀
넓고도 크나큰 지혜를 관하라　　　　　廣大智慧觀
그리고 비관과 자관을 닦으며　　　　　悲觀及慈觀
항상 원하고 항상 우러러 볼지니라　　　常願常瞻仰

티없이 청정한 광명을 발하는　　　　　無垢淸淨光
지혜의 해가 어둠을 몰아내고　　　　　慧日破諸闇
온갖 재앙과 풍파를 물리쳐　　　　　　能伏災風火
두루 세간을 밝게 비추나니　　　　　　普明照世間

대비의 마음은 천둥처럼 진동하고　　　悲體戒雷震
대자의 뜻은 오묘한 구름이 되어　　　　慈意妙大雲
감로의 법비를 골고루 내려　　　　　　澍甘露法雨
번뇌의 불길을 꺼주느니라　　　　　　滅除煩惱燄

송사나 다툼으로 관청에 가거나　　　　諍訟經官處
두려운 전쟁터에 있을지라도　　　　　　怖畏軍陣中
저 관세음보살을 생각하는 힘으로　　　念彼觀音力
모든 원결이 다 풀어지느니라　　　　　衆怨悉退散

28

진리의 음성과 세상의 소리 　　妙音觀世音
불보살의 음성과 조류의 소리 　　梵音海潮音
세간을 뛰어 넘는 승피세간음을 　勝彼世間音
언제나 모름지기 생각할지니라 　是故須常念

한 생각이라도 의심하지 말지니 　念念勿生疑
청정하고 거룩한 관세음보살은 　觀世音淨聖
죽음의 액난으로 고뇌하고 있을 때 　於苦惱死厄
능히 의지가 되고 감싸주느니라 　能爲作依鞠

일체의 공덕을 두루 갖추어 　　具一切功德
자비의 눈으로 중생을 보살피며 　慈眼視衆生
바다처럼 복덕이 한량없으니 　　福聚海無量
마땅히 머리 숙여 예배할지니라 　是故應頂禮

그때 持地菩薩 지지보살이 자리에서 일어나 부처님 앞
으로 나아가 사뢰었다.

세존이시여, 어떠한 중생이 이「관세음보살보

문품」의 자재한 업과 <ruby>보문<rt>普門</rt></ruby>으로 나타내는 신통력에 대해 듣는 이가 있으면, 이 사람의 공덕이 결코 적지 않다는 것을 능히 알겠나이다.

부처님께서 이 「보문품」을 설하실 때, 대중 가운데 팔만사천 중생이 가히 견줄 바 없는 아뇩다라삼먁삼보리심을 발하였다.

# 관 음 경
# 觀 音 經
## - 관세음보살보문품 -

無盡意菩薩
그때 무진의보살이 자리에서 일어나, 오른쪽 어깨를 드러내고 부처님을 향해 합장을 하고 아뢰었다.

세존이시여, 관세음보살은 어떠한 인연으로 '관세음'이라 이름하게 되었나이까?
觀世音

부처님께서 무진의보살에게 이르셨다.

선남자여, 만약 백천만억의 한량없는 중생이 여러가지 괴로움을 받게 되었을 때 '관세음보살'이라는 이름을 듣고 일심으로 관세음보살의

명호를 부르면, 관세음보살은 즉시에 그 음성을 관하여 모두에게 해탈을 얻을 수 있게 하느니라.

만약 이 관세음보살의 명호를 기억하고 외우는 이가 있다면, 설령 큰 불 속에 들어가게 될지라도 불이 그를 태우지 못하나니, 이는 관세음보살의 위신력(威神力) 때문이니라.

또 큰물에 빠져 표류할지라도 그 명호를 부르면 곧 얕은 곳에 이르게 되느니라.

만약 백천만억의 중생이 금·은·유리·자거·마노·산호·호박·진주 등의 보배를 구하기 위하여 큰 바다로 나아갔다가 모진 바람을 만나 배가 나찰귀의 나라에 이르게 되었을지라도, 그 가운데 한 사람만이라도 관세음보살의 명호를 부르는 자가 있으면 모든 사람들이 나찰의 환란을 해탈하게 되나니, 이러한 인연으로 인해 이름을 '관세음'이라 하느니라.

또한 어떤 사람이 피해를 당하게 되었을 때

관세음보살의 명호를 부르면, 해치고자 했던 사람의 손에 들린 칼과 몽둥이가 조각조각 부서져 해탈을 얻게 되느니라.

　만약 삼천대천국토에 가득한 야차와 나찰들이 와서 사람을 괴롭히고자 하여도, 관세음보살의 명호를 부르는 소리를 듣게 되면 이 모든 악귀들이 그 사람을 악한 눈으로 볼 수조차 없게 되거늘, 어떻게 해를 입힐 수가 있겠느냐.
　또한 어떤 사람이 죄가 있거나 죄가 없거나 수갑과 쇠고랑과 나무칼로 씌워 그 몸을 결박 당하게 되었을 때, 관세음보살의 명호를 부르면 모두 끊어지고 부수어져 곧 해탈을 얻게 되느니라.

　만약 삼천대천국토 중의 도적떼가 가득한 곳을 한 상주(商主)가 여러 상인들을 거느리고 값진 보배를 휴대하여 험한 길을 지나갈 때 그 가운데 한 사람이 말하기를,

"선남자들이여, 두려워 하지 말라. 그대들은 마땅히 일심으로 관세음보살의 명호를 불러라. 이 보살은 능히 '두려움 없음[無畏]'을 중생들에게 베풀어주신다. 그대들이 만약 그 명호를 부른다면 도적떼의 피해를 반드시 벗어나리라."

여러 상인들이 이 말을 듣고 함께 '나무관세음보살南無觀世音菩薩'을 부르면, 그 명호를 부르는 공덕으로 곧 해탈을 얻게 되느니라.

무진의여, 관세음보살마하살의 위신력은 이와같이 높고 크느니라.

만약 어떤 중생이 음욕심淫欲心이 많을지라도 관세음보살을 항상 공경히 생각하면 문득 음욕을 여의고,

만약 성을 잘 낼지라도 관세음보살을 항상 공경히 생각하면 문득 성냄을 여의며,

만약 어리석음이 많을지라도 관세음보살을 항상 공경히 생각하면 문득 어리석음을 여의느니라.

무진의여, 관세음보살에게는 이와같은 대위 大威
신력이 있어 넉넉하고 풍족하게 이익을 베풀어 神力
주나니, 그러므로 중생들은 항상 마음으로 생각
해야 하느니라.

만약 어떠한 여인이 아들을 얻고자 하여 관
세음보살에게 예배를 하고 공양을 하면 복덕과
지혜를 갖춘 아들을 낳고,
딸을 얻고자 하면 문득 인물이 단정하고 아
름다운 딸을 낳으리니,
그 자녀들은 숙세에 덕의 근본을 심었기 때
문에 많은 사람들의 사랑과 존경을 받느니라.
무진의여, 관세음보살은 이와같은 힘이 있느
니라.

만약 어떠한 중생이라도 관세음보살을 공경
하고 예배하면 그 복이 헛되지 않나니, 이와같
은 까닭으로 중생은 마땅히 관세음보살의 명호
를 수지해야 하느니라.

무진의여, 만약 어떤 사람이 62억 항하의 모래알 수처럼 많은 보살의 이름을 받아 지니고, 다시 그의 목숨이 다할 때까지 음식과 의복과 침구와 의약으로 공양을 한다면, 네 생각은 어떠하냐? 이 선남자 선여인의 공덕이 많겠느냐 적겠느냐?

무진의보살이 사뢰었다.

매우 많겠나이다, 세존이시여.

부처님께서 이르셨다.

만약 또 다른 어떤 사람이 있어 관세음보살의 명호를 받아 지니고[受持] 한 때라도 예배공양을 하면 이 두사람의 복이 꼭 같아 다름이 없으며, 백천만억겁이 지날지라도 그 복은 다함이 없느니라.
무진의여, 관세음보살의 이름을 받아 지니면

이와같이 한량이 없고 끝이 없는 복덕의 이익을 얻게 되느니라.

무진의보살이 부처님께 사뢰었다.

세존이시여, 관세음보살은 어떠한 모습으로 이 사바세계(娑婆世界)에서 노니시며, 어떠한 방법으로 중생을 위하여 법을 설하시며, 그 방편의 힘은 어떠하옵니까?

부처님께서 무진의보살에게 이르셨다.

선남자여, 만약 어떠한 국토의 중생이 부처님의 몸으로 응하여 제도를 해야 할 이가 있으면 관세음보살은 곧 부처님의 몸을 나타내어 그를 위해 법을 설하고 벽지불의 몸으로 응하여 제도를 해야 할 이가 있으면 곧 벽지불의 몸을 나타내어 법을 설하며

성문(聲聞)의 몸으로 응하여 제도를 해야 할 이가 있으면 곧 성문의 몸을 나타내어 법을 설하느니라.

범천왕(梵天王)의 몸으로 응하여 제도를 해야 할 이가 있으면 곧 범천왕의 몸을 나타내어 법을 설하고

제석천왕(帝釋天王)의 몸으로 응하여 제도를 해야 할 이가 있으면 곧 제석천왕의 몸을 나타내어 법을 설하며

자재천(自在天)의 몸으로 응하여 제도를 해야 할 이가 있으면 곧 자재천의 몸을 나타내어 법을 설하며

대자재천(大自在天)의 몸으로 응하여 제도를 해야 할 이가 있으면 곧 대자재천의 몸을 나타내어 법을 설하며

하늘나라 대장군의 몸으로 응하여 제도를 해야 할 이가 있으면 곧 하늘나라 대장군의 몸을 나타내어 법을 설하며

비사문천왕(毘沙門天王)의 몸으로 응하여 제도를 해야 할

이가 있으면 곧 비사문천왕의 몸을 나타내어 법을 설하며

인간세계 왕의 몸으로 응하여 제도를 해야 할 이가 있으면 곧 인간세계 왕의 몸을 나타내어 법을 설하며

장자(長者)의 몸으로 응하여 제도를 해야 할 이가 있으면 곧 장자의 몸을 나타내어 법을 설하며

거사(居士)의 몸으로 응하여 제도를 해야 할 이가 있으면 곧 거사의 몸을 나타내어 법을 설하며

재상과 같은 관리의 몸으로 응하여 제도를 해야 할 이가 있으면 곧 재관(宰官)의 몸을 나타내어 법을 설하며

바라문의 몸으로 응하여 제도를 해야 할 이가 있으면 곧 바라문의 몸을 나타내어 법을 설하며

비구(比丘)·비구니(比丘尼)·우바새(優婆塞)·우바이(優婆夷)의 몸으로 응하여 제도를 해야 할 이가 있으면 곧 비구·비구니·우바새·우바이의 몸을 나타내어 법을 설하며

장자·거사·재관·바라문의 부녀자의 몸으로 응하여 제도를 해야 할 이가 있으면 곧 부녀자의 몸을 나타내어 법을 설하며

동남·동녀의 몸으로 응하여 제도를 해야 할 이가 있으면 곧 동남·동녀의 몸을 나타내어 법을 설하며

천·용·야차·건달바·아수라·가루라·긴나라·마후라가·인비인 등의 몸으로 응하여 제도를 해야 할 이가 있으면 곧 천·용 등의 몸을 나타내어 법을 설하며

집금강신의 몸으로 응하여 제도를 해야 할 이가 있으면 곧 집금강신의 몸을 나타내어 법을 설하느니라.


무진의여, 관세음보살은 이와같이 공덕을 성취하여 다양한 모습으로 모든 국토를 노닐며 중생을 제도하고 해탈케 하느니라. 그러므로 너희들은 마땅히 일심으로 관세음보살을 공양할지니라.

이 관세음보살마하살은 두렵고 급한 환란 속에 처했을 때 두려움 없음을 베풀어주나니, 이와같은 까닭으로 사바세계에서 모두다 이르기를 '두려움 없음을 베푸는 이[施無畏者]'라 하느니라.

무진의보살이 부처님께 사뢰었다.

세존이시여, 저는 지금 관세음보살께 공양을 올리고자 하옵니다.

그리고는 곧바로 백천냥금의 가치를 지닌 수많은 보석으로 이루어진 목걸이를 풀어 바치면서 말하였다.

어진이시여, 이 법시(法施)의 진귀한 보배 목걸이를 받아주소서.

그러나 관세음보살께서 받으려 하지 아니하므

로, 무진의보살이 다시 관세음보살께 말하였다.

어진이시여, 저희들을 불쌍히 여기시어 이 목걸이를 받으소서.

그때 부처님께서 관세음보살에게 이르셨다.

마땅히 무진의보살을 비롯한 사부대중과 천·용·야차·건달바·아수라·가루라·긴나라·마후라가·인비인 등을 불쌍히 여겨 이 목걸이를 받을지니라.

그 즉시 관세음보살은 사부대중과 천·용·인비인 등을 불쌍히 여겨 목걸이를 받은 다음 둘로 나누어, 한 몫은 석가모니불께 바치고 한 몫은 다보여래(多寶如來)의 탑에 바치었다.

무진의여, 관세음보살에게는 이와같은 자재한 신통력이 있어 사바세계를 자유로이 노니느

니라.

　　그때에 무진의보살이 게송으로 여쭈었다.


묘한 상호 구족하신 세존이시여
제가 이제 다시금 여쭈옵니다
저 불자는 어떠한 인연으로서
관세음이라 이름하게 되었나이까

世尊妙相具
我今重問彼
佛子何因緣
名爲觀世音


묘한 상호 구족하신 세존께오서
게송으로 무진의에게 답하셨도다

具足妙相尊
偈答無盡意


그대는 들을지니 관음의 덕행은
어느 곳 할 것 없이 다 응하느니라

汝聽觀音行
善應諸方所


그 서원의 넓고 깊음 바다 같나니
한량없는 아득한 겁 지내오면서
천만억의 부처님을 모두 모시고
맑고 맑은 대원을 세웠느니라

弘誓深如海
歷劫不思議
侍多千億佛
發大清淨願

이제 그대 위해 간략히 설하리니
그 이름을 듣거나 그 몸을 보고
마음 모아 지극히 생각을 하면
능히 모든 괴로움을 멸하리로다

我爲汝略說
聞名及見身
心念不空過
能滅諸有苦

어떤 이가 해치려는 생각을 품고
불구덩이 속으로 밀어 떨어뜨려도
저 관세음보살을 생각하는 힘으로
불구덩이가 문득 연못으로 변하리

假使興害意
推落大火坑
念彼觀音力
火坑變成池

어쩌다 큰 바다에 빠져 표류를 하고
용과 물고기와 귀신의 난을 만나도
저 관세음보살을 생각하는 힘으로
파도가 능히 삼키지를 못하느니라

或漂流巨海
龍魚諸鬼難
念彼觀音力
波浪不能沒

수미산과 같은 높은 봉우리에서
어떤 이가 갑자기 밀어 떨어뜨려도
저 관세음보살을 생각하는 힘으로
해와 같이 허공에 머무르게 되며

或在須彌峰
爲人所推墮
念彼觀音力
如日虛空住

44

흉악한 사람에게 쫓기는 바가 되어
험난한 금강산에서 굴러 떨어질지라도
저 관세음보살을 생각하는 힘으로
털끝 하나 상하지 않게 되느니라

或被惡人逐
墮落金剛山
念彼觀音力
不能損一毛

원수나 도둑들이 주위를 에워싸고
제각기 칼을 들고 해치려 할지라도
저 관세음보살을 생각하는 힘으로
도리어 그들이 자비심을 일으키네

或値怨賊遶
各執刀加害
念彼觀音力
咸卽起慈心

왕으로부터 벌을 받는 고난을 만나
형을 받고 죽음이 임박했을지라도
저 관세음보살을 생각하는 힘으로
칼날 등의 흉기가 조각조각 부서지며

或遭王難苦
臨刑欲壽終
念彼觀音力
刀尋段段壞

불행히 옥에 갇혀 큰 칼을 쓰거나
손과 발에 쇠고랑을 찼을지라도
저 관세음보살을 생각하는 힘으로
시원스레 풀어져 자유를 얻느니라

或囚禁伽鎖
手足被杻械
念彼觀音力
釋然得解脫

45

주슬과 저주와 여러가지 독약으로
해치려는 사람이 있을지라도
저 관세음보살을 생각하는 힘으로
오히려 그 사람이 해를 입게 되느니라

주저제독약
呪詛諸毒藥

소욕해신자
所欲害身者

염피관음력
念彼觀音力

환착어본인
還着於本人

흉악하기 그지없는 나찰을 만나고
독룡이나 여러 악귀 만날지라도
저 관세음보살을 생각하는 힘으로
누구라도 감히 해치지 못하느니라

혹우악나찰
惑遇惡羅刹

독룡제귀등
毒龍諸鬼等

염피관음력
念彼觀音力

시실불감해
時悉不敢害

사나운 짐승들이 주위를 에워싸고
날카로운 이빨과 발톱으로 위협해도
저 관세음보살을 생각하는 힘으로
아득히 먼 곳으로 흩어져 달아나며

약악수위요
若惡獸圍繞

이아조가포
利牙爪可怖

염피관음력
念彼觀音力

질주무변방
疾走無邊方

살모사 등의 독사나 전갈류들이
타는 불의 연기처럼 독기를 뿜어도
저 관세음보살을 생각하는 힘으로
그 소리를 듣고서 스스로 돌아가니라

원사급복갈
蚖蛇及蝮蠍

기독연화연
氣毒煙火燃

염피관음력
念彼觀音力

심성자회거
尋聲自廻去

46

먹구름이 덮히며 천둥 번개가 치고  
雲雷鼓掣電

우박과 소나기가 크게 퍼부을지라도  
降雹澍大雨

저 관세음보살을 염하는 힘으로  
念彼觀音力

삽시간에 구름 걷혀 활짝 개이느니라  
應時得消散


중생이 갖가지 곤란과 액난을 당해  
衆生被困厄

무량한 고통이 몸을 핍박할 때  
無量苦逼身

관세음보살은 묘한 지혜의 힘으로  
觀音妙智力

세간의 고통에서 능히 구해주느니라  
能救世間苦


신통력을 두루 갖추고  
具足神通力

널리 지혜의 방편을 닦아  
廣修智方便

시방세계 어느 국토 할 것 없이  
十方諸國土

몸을 나타내지 않는 곳이 없으며  
無刹不現身


갖가지 모든 나쁜 세계 중생들  
種種諸惡趣

지옥과 아귀와 축생 뿐아니라  
地獄鬼畜生

나고 늙고 병들어 죽는 고통도  
生老病死苦

차츰차츰 모두 다 없애느니라  
以漸悉令滅

참됨을 관하고 청정함을 관하고　　眞觀淸淨觀
넓고도 크나큰 지혜를 관하라　　　廣大智慧觀
그리고 비관과 자관을 닦으며　　　悲觀及慈觀
항상 원하고 항상 우러러 볼지니라　常願常瞻仰

티없이 청정한 광명을 발하는　　　無垢淸淨光
지혜의 해가 어둠을 몰아내고　　　慧日破諸闇
온갖 재앙과 풍파를 물리쳐　　　能伏災風火
두루 세간을 밝게 비추나니　　　普明照世間

대비의 마음은 천둥처럼 진동하고　悲體戒雷震
대자의 뜻은 오묘한 구름이 되어　慈意妙大雲
감로의 법비를 골고루 내려　　　澍甘露法雨
번뇌의 불길을 꺼주느니라　　　滅除煩惱燄

송사나 다툼으로 관청에 가거나　諍訟經官處
두려운 전쟁터에 있을지라도　　怖畏軍陣中
저 관세음보살을 생각하는 힘으로　念彼觀音力
모든 원결이 다 풀어지느니라　　衆怨悉退散

48

진리의 음성과 세상의 소리
불보살의 음성과 조류의 소리
세간을 뛰어 넘는 승피세간음을
언제나 모름지기 생각할지니라

묘음관세음
妙音觀世音

범음해조음
梵音海潮音

승피세간음
勝彼世間音

시고수상념
是故須常念

한 생각이라도 의심하지 말지니
청정하고 거룩한 관세음보살은
죽음의 액난으로 고뇌하고 있을 때
능히 의지가 되고 감싸주느니라

염념물생의
念念勿生疑

관세음정성
觀世音淨聖

어고뇌사액
於苦惱死厄

능위작의호
能爲作依怙

일체의 공덕을 두루 갖추어
자비의 눈으로 중생을 보살피며
바다처럼 복덕이 한량없으니
마땅히 머리 숙여 예배할지니라

구일체공덕
具一切功德

자안시중생
慈眼視衆生

복취해무량
福聚海無量

시고응정례
是故應頂禮

持地菩薩
 그때 지지보살이 자리에서 일어나 부처님 앞
으로 나아가 사뢰었다.


 세존이시여, 어떠한 중생이 이 「관세음보살보

49

문품」의 자재한 업(業)과 보문(普門)으로 나타내는 신통력에 대해 듣는 이가 있으면, 이 사람의 공덕이 결코 적지 않다는 것을 능히 알겠나이다.

부처님께서 이「보문품」을 설하실 때, 대중 가운데 팔만사천 중생이 가히 견줄 바 없는 아뇩다라삼먁삼보리심을 발하였다.

# 관 음 경
## 觀 音 經
### - 관세음보살보문품 -

無盡意菩薩
그때 무진의보살이 자리에서 일어나, 오른쪽 어깨를 드러내고 부처님을 향해 합장을 하고 아뢰었다.

세존이시여, 관세음보살은 어떠한 인연으로
觀世音
'관세음' 이라 이름하게 되었나이까?

부처님께서 무진의보살에게 이르셨다.

선남자여, 만약 백천만억의 한량없는 중생이 여러가지 괴로움을 받게 되었을 때 '관세음보살' 이라는 이름을 듣고 일심으로 관세음보살의

명호를 부르면, 관세음보살은 즉시에 그 음성을 관하여 모두에게 해탈을 얻을 수 있게 하느니라.

만약 이 관세음보살의 명호를 기억하고 외우는 이가 있다면, 설령 큰 불 속에 들어가게 될지라도 불이 그를 태우지 못하나니, 이는 관세음보살의 위신력(威神力) 때문이니라.

또 큰물에 빠져 표류할지라도 그 명호를 부르면 곧 얕은 곳에 이르게 되느니라.

만약 백천만억의 중생이 금·은·유리·자거·마노·산호·호박·진주 등의 보배를 구하기 위하여 큰 바다로 나아갔다가 모진 바람을 만나 배가 나찰귀의 나라에 이르게 되었을지라도, 그 가운데 한 사람만이라도 관세음보살의 명호를 부르는 자가 있으면 모든 사람들이 나찰의 환란을 해탈하게 되나니, 이러한 인연으로 인해 이름을 '관세음'이라 하느니라.

또한 어떤 사람이 피해를 당하게 되었을 때

관세음보살의 명호를 부르면, 해치고자 했던 사람의 손에 들린 칼과 몽둥이가 조각조각 부서져 해탈을 얻게 되느니라.

만약 삼천대천국토에 가득한 야차와 나찰들이 와서 사람을 괴롭히고자 하여도, 관세음보살의 명호를 부르는 소리를 듣게 되면 이 모든 악귀들이 그 사람을 악한 눈으로 볼 수조차 없게 되거늘, 어떻게 해를 입힐 수가 있겠느냐.

또한 어떤 사람이 죄가 있거나 죄가 없거나 수갑과 쇠고랑과 나무칼로 씌워 그 몸을 결박당하게 되었을 때, 관세음보살의 명호를 부르면 모두 끊어지고 부수어져 곧 해탈을 얻게 되느니라.

만약 삼천대천국토 중의 도적떼가 가득한 곳을 한 상주(商主)가 여러 상인들을 거느리고 값진 보배를 휴대하여 험한 길을 지나갈 때 그 가운데 한 사람이 말하기를,

53

"선남자들이여, 두려워 하지 말라. 그대들은 마땅히 일심으로 관세음보살의 명호를 불러라. 이 보살은 능히 '두려움 없음[無畏]'을 중생들에게 베풀어주신다. 그대들이 만약 그 명호를 부른다면 도적떼의 피해를 반드시 벗어나리라."

여러 상인들이 이 말을 듣고 함께 '나무관세음보살[南無觀世音菩薩]'을 부르면, 그 명호를 부르는 공덕으로 곧 해탈을 얻게 되느니라.

무진의여, 관세음보살마하살의 위신력은 이와같이 높고 크느니라.


만약 어떤 중생이 음욕심[淫欲心]이 많을지라도 관세음보살을 항상 공경히 생각하면 문득 음욕을 여의고,

만약 성을 잘 낼지라도 관세음보살을 항상 공경히 생각하면 문득 성냄을 여의며,

만약 어리석음이 많을지라도 관세음보살을 항상 공경히 생각하면 문득 어리석음을 여의느니라.

무진의여, 관세음보살에게는 이와같은 대위 $\overset{大\ 威}{}$
신력 $\overset{神\ 力}{}$이 있어 넉넉하고 풍족하게 이익을 베풀어
주나니, 그러므로 중생들은 항상 마음으로 생각
해야 하느니라.

만약 어떠한 여인이 아들을 얻고자 하여 관
세음보살에게 예배를 하고 공양을 하면 복덕과
지혜를 갖춘 아들을 낳고,
딸을 얻고자 하면 문득 인물이 단정하고 아
름다운 딸을 낳으리니,
그 자녀들은 숙세에 덕의 근본을 심었기 때
문에 많은 사람들의 사랑과 존경을 받느니라.
무진의여, 관세음보살은 이와같은 힘이 있느
니라.

만약 어떠한 중생이라도 관세음보살을 공경
하고 예배하면 그 복이 헛되지 않나니, 이와같
은 까닭으로 중생은 마땅히 관세음보살의 명호
를 수지해야 하느니라.

무진의여, 만약 어떤 사람이 62억 항하의 모래알 수처럼 많은 보살의 이름을 받아 지니고, 다시 그의 목숨이 다할 때까지 음식과 의복과 침구와 의약으로 공양을 한다면, 네 생각은 어떠하냐? 이 선남자 선여인의 공덕이 많겠느냐 적겠느냐?

　무진의보살이 사뢰었다.

　매우 많겠나이다, 세존이시여.

　부처님께서 이르셨다.

　만약 또 다른 어떤 사람이 있어 관세음보살의 명호를 받아 지니고[受持] 한 때라도 예배공양을 하면 이 두사람의 복이 꼭 같아 다름이 없으며, 백천만억겁이 지날지라도 그 복은 다함이 없느니라.
　무진의여, 관세음보살의 이름을 받아 지니면

이와같이 한량이 없고 끝이 없는 복덕의 이익
을 얻게 되느니라.

무진의보살이 부처님께 사뢰었다.

세존이시여, 관세음보살은 어떠한 모습으로
이 사바세계에서 노니시며, 어떠한 방법으로 중
생을 위하여 법을 설하시며, 그 방편의 힘은 어
떠하옵니까?

부처님께서 무진의보살에게 이르셨다.

선남자여, 만약 어떠한 국토의 중생이
부처님의 몸으로 응하여 제도를 해야 할 이
가 있으면 관세음보살은 곧 부처님의 몸을 나
타내어 그를 위해 법을 설하고
벽지불의 몸으로 응하여 제도를 해야 할 이
가 있으면 곧 벽지불의 몸을 나타내어 법을 설
하며

57

성문(聲聞)의 몸으로 응하여 제도를 해야 할 이가 있으면 곧 성문의 몸을 나타내어 법을 설하느니라.

범천왕(梵天王)의 몸으로 응하여 제도를 해야 할 이가 있으면 곧 범천왕의 몸을 나타내어 법을 설하고

제석천왕(帝釋天王)의 몸으로 응하여 제도를 해야 할 이가 있으면 곧 제석천왕의 몸을 나타내어 법을 설하며

자재천(自在天)의 몸으로 응하여 제도를 해야 할 이가 있으면 곧 자재천의 몸을 나타내어 법을 설하며

대자재천(大自在天)의 몸으로 응하여 제도를 해야 할 이가 있으면 곧 대자재천의 몸을 나타내어 법을 설하며

하늘나라 대장군의 몸으로 응하여 제도를 해야 할 이가 있으면 곧 하늘나라 대장군의 몸을 나타내어 법을 설하며

비사문천왕(毘沙門天王)의 몸으로 응하여 제도를 해야 할

이가 있으면 곧 비사문천왕의 몸을 나타내어 법을 설하며

인간세계 왕의 몸으로 응하여 제도를 해야 할 이가 있으면 곧 인간세계 왕의 몸을 나타내어 법을 설하며

장자(長者)의 몸으로 응하여 제도를 해야 할 이가 있으면 곧 장자의 몸을 나타내어 법을 설하며

거사(居士)의 몸으로 응하여 제도를 해야 할 이가 있으면 곧 거사의 몸을 나타내어 법을 설하며

재상과 같은 관리의 몸으로 응하여 제도를 해야 할 이가 있으면 곧 재관(宰官)의 몸을 나타내어 법을 설하며

바라문의 몸으로 응하여 제도를 해야 할 이가 있으면 곧 바라문의 몸을 나타내어 법을 설하며

비구(比丘)·비구니(比丘尼)·우바새(優婆塞)·우바이(優婆夷)의 몸으로 응하여 제도를 해야 할 이가 있으면 곧 비구·비구니·우바새·우바이의 몸을 나타내어 법을 설하며

장자·거사·재관·바라문의 부녀자의 몸으로 응하여 제도를 해야 할 이가 있으면 곧 부녀자의 몸을 나타내어 법을 설하며

동남·동녀의 몸으로 응하여 제도를 해야 할 이가 있으면 곧 동남·동녀의 몸을 나타내어 법을 설하며

천·용·야차·건달바·아수라·가루라·긴나라·마후라가·인비인 등의 몸으로 응하여 제도를 해야 할 이가 있으면 곧 천·용 등의 몸을 나타내어 법을 설하며

집금강신의 몸으로 응하여 제도를 해야 할 이가 있으면 곧 집금강신의 몸을 나타내어 법을 설하느니라.


무진의여, 관세음보살은 이와같이 공덕을 성취하여 다양한 모습으로 모든 국토를 노닐며 중생을 제도하고 해탈케 하느니라. 그러므로 너희들은 마땅히 일심으로 관세음보살을 공양할지니라.

이 관세음보살마하살은 두렵고 급한 환란 속에 처했을 때 두려움 없음을 베풀어주나니, 이와같은 까닭으로 사바세계에서 모두다 이르기를 '두려움 없음을 베푸는 이〔施無畏者〕'라 하느니라.

무진의보살이 부처님께 사뢰었다.

세존이시여, 저는 지금 관세음보살께 공양을 올리고자 하옵니다.

그리고는 곧바로 백천냥금의 가치를 지닌 수많은 보석으로 이루어진 목걸이를 풀어 바치면서 말하였다.

어진이시여, 이 법시(法施)의 진귀한 보배 목걸이를 받아주소서.

그러나 관세음보살께서 받으려 하지 아니하므

로, 무진의보살이 다시 관세음보살께 말하였다.

어진이시여, 저희들을 불쌍히 여기시어 이 목걸이를 받으소서.

그때 부처님께서 관세음보살에게 이르셨다.

마땅히 무진의보살을 비롯한 사부대중과 천·용·야차·건달바·아수라·가루라·긴나라·마후라가·인비인 등을 불쌍히 여겨 이 목걸이를 받을지니라.

그 즉시 관세음보살은 사부대중과 천·용·인비인 등을 불쌍히 여겨 목걸이를 받은 다음 둘로 나누어, 한 몫은 석가모니불께 바치고 한 몫은 다보여래(多寶如來)의 탑에 바치었다.

무진의여, 관세음보살에게는 이와같은 자재한 신통력이 있어 사바세계를 자유로이 노니느

니라.

　　그때에 무진의보살이 게송으로 여쭈었다.


묘한 상호 구족하신 세존이시여　　　世尊妙相具
제가 이제 다시금 여쭈옵니다　　　　我今重問彼
저 불자는 어떠한 인연으로서　　　　佛子何因緣
관세음이라 이름하게 되었나이까　　名爲觀世音


묘한 상호 구족하신 세존께오서　　　具足妙相尊
게송으로 무진의에게 답하셨도다　　偈答無盡意


그대는 들을지니 관음의 덕행은　　　汝聽觀音行
어느 곳 할 것 없이 다 응하느니라　　善應諸方所


그 서원의 넓고 깊음 바다 같나니　　弘誓深如海
한량없는 아득한 겁 지내오면서　　　歷劫不思議
천만억의 부처님을 모두 모시고　　　侍多千億佛
맑고 맑은 대원을 세웠느니라　　　　發大清淨願

이제 그대 위해 간략히 설하리니
그 이름을 듣거나 그 몸을 보고
마음 모아 지극히 생각을 하면
능히 모든 괴로움을 멸하리로다

아 위 여 약 설
我爲汝略説

문 명 급 견 신
聞名及見身

심 념 불 공 과
心念不空過

능 멸 제 유 고
能滅諸有苦

어떤 이가 해치려는 생각을 품고
불구덩이 속으로 밀어 떨어뜨려도
저 관세음보살을 생각하는 힘으로
불구덩이가 문득 연못으로 변하리

가 사 흥 해 의
假使興害意

추 락 대 화 갱
推落大火坑

염 피 관 음 력
念彼觀音力

화 갱 변 성 지
火坑變成池

어쩌다 큰 바다에 빠져 표류를 하고
용과 물고기와 귀신의 난을 만나도
저 관세음보살을 생각하는 힘으로
파도가 능히 삼키지를 못하느니라

혹 표 류 거 해
或漂流巨海

용 어 제 귀 난
龍魚諸鬼難

염 피 관 음 력
念彼觀音力

파 랑 불 능 몰
波浪不能沒

수미산과 같은 높은 봉우리에서
어떤 이가 갑자기 밀어 떨어뜨려도
저 관세음보살을 생각하는 힘으로
해와 같이 허공에 머무르게 되며

혹 재 수 미 봉
或在須彌峰

위 인 소 추 타
爲人所推墮

염 피 관 음 력
念彼觀音力

여 일 허 공 주
如日虛空住

64

흉악한 사람에게 쫓기는 바가 되어 혹피악인축 或被惡人逐

험난한 금강산에서 굴러 떨어질지라도 타락금강산 墮落金剛山

저 관세음보살을 생각하는 힘으로 염피관음력 念彼觀音力

털끝 하나 상하지 않게 되느니라 불능손일모 不能損一毛


원수나 도둑들이 주위를 에워싸고 혹치원적요 或值怨賊遶

제각기 칼을 들고 해치려 할지라도 각집도가해 各執刀加害

저 관세음보살을 생각하는 힘으로 염피관음력 念彼觀音力

도리어 그들이 자비심을 일으키네 함즉기자심 咸卽起慈心


왕으로부터 벌을 받는 고난을 만나 혹조왕난고 或遭王難苦

형을 받고 죽음이 임박했을지라도 임형욕수종 臨刑欲壽終

저 관세음보살을 생각하는 힘으로 염피관음력 念彼觀音力

칼날 등의 흉기가 조각조각 부서지며 도심단단괴 刀尋段段壞


불행히 옥에 갇혀 큰 칼을 쓰거나 혹수금가쇄 或囚禁伽鎖

손과 발에 쇠고랑을 찼을지라도 수족피추계 手足被杻械

저 관세음보살을 생각하는 힘으로 염피관음력 念彼觀音力

시원스레 풀어져 자유를 얻느니라 석연득해탈 釋然得解脫

주술과 저주와 여러가지 독약으로  
해치려는 사람이 있을지라도  
저 관세음보살을 생각하는 힘으로  
오히려 그 사람이 해를 입게 되느니라  

呪詛諸毒藥  
所欲害身者  
念彼觀音力  
還着於本人  

흉악하기 그지없는 나찰을 만나고  
독룡이나 여러 악귀 만날지라도  
저 관세음보살을 생각하는 힘으로  
누구라도 감히 해치지 못하느니라  

惑遇惡羅剎  
毒龍諸鬼等  
念彼觀音力  
時悉不敢害  

사나운 짐승들이 주위를 에워싸고  
날카로운 이빨과 발톱으로 위협해도  
저 관세음보살을 생각하는 힘으로  
아득히 먼 곳으로 흩어져 달아나며  

若惡獸圍繞  
利牙爪可怖  
念彼觀音力  
疾走無邊方  

살모사 등의 독사나 전갈류들이  
타는 불의 연기처럼 독기를 뿜어도  
저 관세음보살을 생각하는 힘으로  
그 소리를 듣고서 스스로 돌아가느니라  

蚖蛇及蝮蠍  
氣毒煙火燃  
念彼觀音力  
尋聲自廻去  

66

먹구름이 덮히며 천둥 번개가 치고 雲雷鼓掣電

우박과 소나기가 크게 퍼부을지라도 降雹澍大雨

저 관세음보살을 염하는 힘으로 念彼觀音力

삽시간에 구름 걷혀 활짝 개이느니라 應時得消散

중생이 갖가지 곤란과 액난을 당해 衆生被困厄

무량한 고통이 몸을 핍박할 때 無量苦逼身

관세음보살은 묘한 지혜의 힘으로 觀音妙智力

세간의 고통에서 능히 구해주느니라 能救世間苦

신통력을 두루 갖추고 具足神通力

널리 지혜의 방편을 닦아 廣修智方便

시방세계 어느 국토 할 것 없이 十方諸國土

몸을 나타내지 않는 곳이 없으며 無剎不現身

갖가지 모든 나쁜 세계 중생들 種種諸惡趣

지옥과 아귀와 축생 뿐아니라 地獄鬼畜生

나고 늙고 병들어 죽는 고통도 生老病死苦

차츰차츰 모두 다 없애느니라 以漸悉令滅

참됨을 관하고 청정함을 관하고　　　진관청정관<br>
　　　　　　　　　　　　　　　　　眞觀淸淨觀<br>
넓고도 크나큰 지혜를 관하라　　　광대지혜관<br>
　　　　　　　　　　　　　　　　　廣大智慧觀<br>
그리고 비관과 자관을 닦으며　　　비관급자관<br>
　　　　　　　　　　　　　　　　　悲觀及慈觀<br>
항상 원하고 항상 우러러 볼지니라　상원상첨앙<br>
　　　　　　　　　　　　　　　　　常願常瞻仰

티없이 청정한 광명을 발하는　　　무구청정광<br>
　　　　　　　　　　　　　　　　　無垢淸淨光<br>
지혜의 해가 어둠을 몰아내고　　　혜일파제암<br>
　　　　　　　　　　　　　　　　　慧日破諸闇<br>
온갖 재앙과 풍파를 물리쳐　　　　능복재풍화<br>
　　　　　　　　　　　　　　　　　能伏災風火<br>
두루 세간을 밝게 비추나니　　　　보명조세간<br>
　　　　　　　　　　　　　　　　　普明照世間

대비의 마음은 천둥처럼 진동하고　비체계뢰진<br>
　　　　　　　　　　　　　　　　　悲體戒雷震<br>
대자의 뜻은 오묘한 구름이 되어　자의묘대운<br>
　　　　　　　　　　　　　　　　　慈意妙大雲<br>
감로의 법비를 골고루 내려　　　　주감로법우<br>
　　　　　　　　　　　　　　　　　澍甘露法雨<br>
번뇌의 불길을 꺼주느니라　　　　멸제번뇌염<br>
　　　　　　　　　　　　　　　　　滅除煩惱燄

송사나 다툼으로 관청에 가거나　　쟁송경관처<br>
　　　　　　　　　　　　　　　　　諍訟經官處<br>
두려운 전쟁터에 있을지라도　　　포외군진중<br>
　　　　　　　　　　　　　　　　　怖畏軍陣中<br>
저 관세음보살을 생각하는 힘으로　염피관음력<br>
　　　　　　　　　　　　　　　　　念彼觀音力<br>
모든 원결이 다 풀어지느니라　　　중원실퇴산<br>
　　　　　　　　　　　　　　　　　衆怨悉退散

68

진리의 음성과 세상의 소리 妙音觀世音
불보살의 음성과 조류의 소리 梵音海潮音
세간을 뛰어 넘는 승피세간음을 勝彼世間音
언제나 모름지기 생각할지니라 是故須常念

한 생각이라도 의심하지 말지니 念念勿生疑
청정하고 거룩한 관세음보살은 觀世音淨聖
죽음의 액난으로 고뇌하고 있을 때 於苦惱死厄
능히 의지가 되고 감싸주느니라 能爲作依鞠

일체의 공덕을 두루 갖추어 具一切功德
자비의 눈으로 중생을 보살피며 慈眼視衆生
바다처럼 복덕이 한량없으니 福聚海無量
마땅히 머리 숙여 예배할지니라 是故應頂禮

持地菩薩
그때 지지보살이 자리에서 일어나 부처님 앞으로 나아가 사뢰었다.

세존이시여, 어떠한 중생이 이「관세음보살보

문품」의 자재한 업과 보문으로 나타내는 신통
력에 대해 듣는 이가 있으면, 이 사람의 공덕이
결코 적지 않다는 것을 능히 알겠나이다.

　부처님께서 이「보문품」을 설하실 때, 대중 가
운데 팔만사천 중생이 가히 견줄 바 없는 아뇩
다라삼먁삼보리심을 발하였다.

　　　　　　　불기25　년　월　일 3회 사경 회향

# 관 음 경
# 觀 音 經
## - 관세음보살보문품 -

無盡意菩薩

그때 무진의보살이 자리에서 일어나, 오른쪽 어깨를 드러내고 부처님을 향해 합장을 하고 아뢰었다.

세존이시여, 관세음보살은 어떠한 인연으로
觀世音
'관세음'이라 이름하게 되었나이까?

부처님께서 무진의보살에게 이르셨다.

선남자여, 만약 백천만억의 한량없는 중생이 여러가지 괴로움을 받게 되었을 때 '관세음보살'이라는 이름을 듣고 일심으로 관세음보살의

명호를 부르면, 관세음보살은 즉시에 그 음성을 관하여 모두에게 해탈을 얻을 수 있게 하느니라.

만약 이 관세음보살의 명호를 기억하고 외우는 이가 있다면, 설령 큰 불 속에 들어가게 될지라도 불이 그를 태우지 못하나니, 이는 관세음보살의 위신력(威神力) 때문이니라.

또 큰물에 빠져 표류할지라도 그 명호를 부르면 곧 얕은 곳에 이르게 되느니라.

만약 백천만억의 중생이 금·은·유리·자거·마노·산호·호박·진주 등의 보배를 구하기 위하여 큰 바다로 나아갔다가 모진 바람을 만나 배가 나찰귀의 나라에 이르게 되었을지라도, 그 가운데 한 사람만이라도 관세음보살의 명호를 부르는 자가 있으면 모든 사람들이 나찰의 환란을 해탈하게 되나니, 이러한 인연으로 인해 이름을 '관세음'이라 하느니라.

또한 어떤 사람이 피해를 당하게 되었을 때

관세음보살의 명호를 부르면, 해치고자 했던 사람의 손에 들린 칼과 몽둥이가 조각조각 부서져 해탈을 얻게 되느니라.

만약 삼천대천국토에 가득한 야차와 나찰들이 와서 사람을 괴롭히고자 하여도, 관세음보살의 명호를 부르는 소리를 듣게 되면 이 모든 악귀들이 그 사람을 악한 눈으로 볼 수조차 없게 되거늘, 어떻게 해를 입힐 수가 있겠느냐.

또한 어떤 사람이 죄가 있거나 죄가 없거나 수갑과 쇠고랑과 나무칼로 씌워 그 몸을 결박당하게 되었을 때, 관세음보살의 명호를 부르면 모두 끊어지고 부수어져 곧 해탈을 얻게 되느니라.

만약 삼천대천국토 중의 도적떼가 가득한 곳을 한 상주<sup>商主</sup>가 여러 상인들을 거느리고 값진 보배를 휴대하여 험한 길을 지나갈 때 그 가운데 한 사람이 말하기를,

"선남자들이여, 두려워 하지 말라. 그대들은 마땅히 일심으로 관세음보살의 명호를 불러라. 이 보살은 능히 '두려움 없음〔無畏〕'을 중생들에게 베풀어주신다. 그대들이 만약 그 명호를 부른다면 도적떼의 피해를 반드시 벗어나리라."

여러 상인들이 이 말을 듣고 함께 '나무관세음보살〔南無觀世音菩薩〕'을 부르면, 그 명호를 부르는 공덕으로 곧 해탈을 얻게 되느니라.

무진의여, 관세음보살마하살의 위신력은 이와같이 높고 크느니라.

만약 어떤 중생이 음욕심〔淫欲心〕이 많을지라도 관세음보살을 항상 공경히 생각하면 문득 음욕을 여의고,

만약 성을 잘 낼지라도 관세음보살을 항상 공경히 생각하면 문득 성냄을 여의며,

만약 어리석음이 많을지라도 관세음보살을 항상 공경히 생각하면 문득 어리석음을 여의느니라.

무진의여, 관세음보살에게는 이와같은 대위 <sup>大 威</sup>
신력이 있어 넉넉하고 풍족하게 이익을 베풀어
주나니, 그러므로 중생들은 항상 마음으로 생각
해야 하느니라.

만약 어떠한 여인이 아들을 얻고자 하여 관
세음보살에게 예배를 하고 공양을 하면 복덕과
지혜를 갖춘 아들을 낳고,
딸을 얻고자 하면 문득 인물이 단정하고 아
름다운 딸을 낳으리니,
그 자녀들은 숙세에 덕의 근본을 심었기 때
문에 많은 사람들의 사랑과 존경을 받느니라.
무진의여, 관세음보살은 이와같은 힘이 있느
니라.

만약 어떠한 중생이라도 관세음보살을 공경
하고 예배하면 그 복이 헛되지 않나니, 이와같
은 까닭으로 중생은 마땅히 관세음보살의 명호
를 수지해야 하느니라.

무진의여, 만약 어떤 사람이 62억 항하의 모래알 수처럼 많은 보살의 이름을 받아 지니고, 다시 그의 목숨이 다할 때까지 음식과 의복과 침구와 의약으로 공양을 한다면, 네 생각은 어떠하냐? 이 선남자 선여인의 공덕이 많겠느냐 적겠느냐?

무진의보살이 사뢰었다.

매우 많겠나이다, 세존이시여.

부처님께서 이르셨다.

만약 또 다른 어떤 사람이 있어 관세음보살의 명호를 받아 지니고 [受持] 한 때라도 예배공양을 하면 이 두사람의 복이 꼭 같아 다름이 없으며, 백천만억겁이 지날지라도 그 복은 다함이 없느니라.

무진의여, 관세음보살의 이름을 받아 지니면

이와같이 한량이 없고 끝이 없는 복덕의 이익
을 얻게 되느니라.

무진의보살이 부처님께 사뢰었다.

세존이시여, 관세음보살은 어떠한 모습으로
이 사바세계에서 노니시며, 어떠한 방법으로 중
생을 위하여 법을 설하시며, 그 방편의 힘은 어
떠하옵니까?

부처님께서 무진의보살에게 이르셨다.

선남자여, 만약 어떠한 국토의 중생이
부처님의 몸으로 응하여 제도를 해야 할 이
가 있으면 관세음보살은 곧 부처님의 몸을 나
타내어 그를 위해 법을 설하고
벽지불의 몸으로 응하여 제도를 해야 할 이
가 있으면 곧 벽지불의 몸을 나타내어 법을 설
하며

성문[聲聞]의 몸으로 응하여 제도를 해야 할 이가 있으면 곧 성문의 몸을 나타내어 법을 설하느니라.

범천왕[梵天王]의 몸으로 응하여 제도를 해야 할 이가 있으면 곧 범천왕의 몸을 나타내어 법을 설하고

제석천왕[帝釋天王]의 몸으로 응하여 제도를 해야 할 이가 있으면 곧 제석천왕의 몸을 나타내어 법을 설하며

자재천[自在天]의 몸으로 응하여 제도를 해야 할 이가 있으면 곧 자재천의 몸을 나타내어 법을 설하며

대자재천[大自在天]의 몸으로 응하여 제도를 해야 할 이가 있으면 곧 대자재천의 몸을 나타내어 법을 설하며

하늘나라 대장군의 몸으로 응하여 제도를 해야 할 이가 있으면 곧 하늘나라 대장군의 몸을 나타내어 법을 설하며

비사문천왕[毘沙門天王]의 몸으로 응하여 제도를 해야 할

이가 있으면 곧 비사문천왕의 몸을 나타내어 법을 설하며

인간세계 왕의 몸으로 응하여 제도를 해야 할 이가 있으면 곧 인간세계 왕의 몸을 나타내어 법을 설하며

장자(長者)의 몸으로 응하여 제도를 해야 할 이가 있으면 곧 장자의 몸을 나타내어 법을 설하며

거사(居士)의 몸으로 응하여 제도를 해야 할 이가 있으면 곧 거사의 몸을 나타내어 법을 설하며

재상과 같은 관리의 몸으로 응하여 제도를 해야 할 이가 있으면 곧 재관(宰官)의 몸을 나타내어 법을 설하며

바라문의 몸으로 응하여 제도를 해야 할 이가 있으면 곧 바라문의 몸을 나타내어 법을 설하며

비구(比丘)·비구니(比丘尼)·우바새(優婆塞)·우바이(優婆夷)의 몸으로 응하여 제도를 해야 할 이가 있으면 곧 비구·비구니·우바새·우바이의 몸을 나타내어 법을 설하며

장자·거사·재관·바라문의 부녀자의 몸으로 응하여 제도를 해야 할 이가 있으면 곧 부녀자의 몸을 나타내어 법을 설하며

동남·동녀의 몸으로 응하여 제도를 해야 할 이가 있으면 곧 동남·동녀의 몸을 나타내어 법을 설하며

천·용·야차·건달바·아수라·가루라·긴나라·마후라가·인비인 등의 몸으로 응하여 제도를 해야 할 이가 있으면 곧 천·용 등의 몸을 나타내어 법을 설하며

집금강신의 몸으로 응하여 제도를 해야 할 이가 있으면 곧 집금강신의 몸을 나타내어 법을 설하느니라.

무진의여, 관세음보살은 이와같이 공덕을 성취하여 다양한 모습으로 모든 국토를 노닐며 중생을 제도하고 해탈케 하느니라. 그러므로 너희들은 마땅히 일심으로 관세음보살을 공양할지니라.

이 관세음보살마하살은 두렵고 급한 환란 속
에 처했을 때 두려움 없음을 베풀어주나니, 이
와같은 까닭으로 사바세계에서 모두다 이르기
를 '두려움 없음을 베푸는 이[施無畏者]'라 하느니
라.

무진의보살이 부처님께 사뢰었다.

세존이시여, 저는 지금 관세음보살께 공양을
올리고자 하옵니다.

그리고는 곧바로 백천냥금의 가치를 지닌 수
많은 보석으로 이루어진 목걸이를 풀어 바치면
서 말하였다.

어진이시여, 이 법시(法施)의 진귀한 보배 목걸이를
받아주소서.

그러나 관세음보살께서 받으려 하지 아니하므

로, 무진의보살이 다시 관세음보살께 말하였다.

어진이시여, 저희들을 불쌍히 여기시어 이 목걸이를 받으소서.

그때 부처님께서 관세음보살에게 이르셨다.

마땅히 무진의보살을 비롯한 사부대중과 천 · 용 · 야차 · 건달바 · 아수라 · 가루라 · 긴나라 · 마후라가 · 인비인 등을 불쌍히 여겨 이 목걸이를 받을지니라.

그 즉시 관세음보살은 사부대중과 천 · 용 · 인비인 등을 불쌍히 여겨 목걸이를 받은 다음 둘로 나누어, 한 몫은 석가모니불께 바치고 한 몫은 다보여래(多寶如來)의 탑에 바치었다.

무진의여, 관세음보살에게는 이와같은 자재한 신통력이 있어 사바세계를 자유로이 노니느

니라.

그때에 무진의보살이 게송으로 여쭈었다.

묘한 상호 구족하신 세존이시여　　　世尊妙相具
제가 이제 다시금 여쭈옵니다　　　　我今重問彼
저 불자는 어떠한 인연으로서　　　　佛子何因緣
관세음이라 이름하게 되었나이까　　　名爲觀世音

묘한 상호 구족하신 세존께오서　　　具足妙相尊
게송으로 무진의에게 답하셨도다　　　偈答無盡意

그대는 들을지니 관음의 덕행은　　　汝聽觀音行
어느 곳 할 것 없이 다 응하느니라　　善應諸方所

그 서원의 넓고 깊음 바다 같나니　　弘誓深如海
한량없는 아득한 겁 지내오면서　　　歷劫不思議
천만억의 부처님을 모두 모시고　　　侍多千億佛
맑고 맑은 대원을 세웠느니라　　　　發大淸淨願

83

이제 그대 위해 간략히 설하리니
그 이름을 듣거나 그 몸을 보고
마음 모아 지극히 생각을 하면
능히 모든 괴로움을 멸하리로다

아 위 여 약 설
我爲汝略說
문 명 급 견 신
聞名及見身
심 념 불 공 과
心念不空過
능 멸 제 유 고
能滅諸有苦

어떤 이가 해치려는 생각을 품고
불구덩이 속으로 밀어 떨어뜨려도
저 관세음보살을 생각하는 힘으로
불구덩이가 문득 연못으로 변하리

가 사 흥 해 의
假使興害意
추 락 대 화 갱
推落大火坑
염 피 관 음 력
念彼觀音力
화 갱 변 성 지
火坑變成池

어쩌다 큰 바다에 빠져 표류를 하고
용과 물고기와 귀신의 난을 만나도
저 관세음보살을 생각하는 힘으로
파도가 능히 삼키지를 못하느니라

혹 표 류 거 해
或漂流巨海
용 어 제 귀 난
龍魚諸鬼難
염 피 관 음 력
念彼觀音力
파 랑 불 능 몰
波浪不能沒

수미산과 같은 높은 봉우리에서
어떤 이가 갑자기 밀어 떨어뜨려도
저 관세음보살을 생각하는 힘으로
해와 같이 허공에 머무르게 되며

혹 재 수 미 봉
或在須彌峰
위 인 소 추 타
爲人所推墮
염 피 관 음 력
念彼觀音力
여 일 허 공 주
如日虛空住

84

흉악한 사람에게 쫓기는 바가 되어
험난한 금강산에서 굴러 떨어질지라도
저 관세음보살을 생각하는 힘으로
털끝 하나 상하지 않게 되느니라

혹피악인축
或被惡人逐

타락금강산
墮落金剛山

염피관음력
念彼觀音力

불능손일모
不能損一毛

원수나 도둑들이 주위를 에워싸고
제각기 칼을 들고 해치려 할지라도
저 관세음보살을 생각하는 힘으로
도리어 그들이 자비심을 일으키네

혹치원적요
或値怨賊遶

각집도가해
各執刀加害

염피관음력
念彼觀音力

함즉기자심
咸卽起慈心

왕으로부터 벌을 받는 고난을 만나
형을 받고 죽음이 임박했을지라도
저 관세음보살을 생각하는 힘으로
칼날 등의 흉기가 조각조각 부서지며

혹조왕난고
或遭王難苦

임형욕수종
臨刑欲壽終

염피관음력
念彼觀音力

도심단단괴
刀尋段段壞

불행히 옥에 갇혀 큰 칼을 쓰거나
손과 발에 쇠고랑을 찼을지라도
저 관세음보살을 생각하는 힘으로
시원스레 풀어져 자유를 얻느니라

혹수금가쇄
或囚禁伽鎖

수족피추계
手足被杻械

염피관음력
念彼觀音力

석연득해탈
釋然得解脫

주슬과 저주와 여러가지 독약으로
해치려는 사람이 있을지라도
저 관세음보살을 생각하는 힘으로
오히려 그 사람이 해를 입게 되느니라

주 저 제 독 약
呪詛諸毒藥
소 욕 해 신 자
所欲害身者
염 피 관 음 력
念彼觀音力
환 착 어 본 인
還着於本人

흉악하기 그지없는 나찰을 만나고
독룡이나 여러 악귀 만날지라도
저 관세음보살을 생각하는 힘으로
누구라도 감히 해치지 못하느니라

혹 우 악 나 찰
惑遇惡羅刹
독 룡 제 귀 등
毒龍諸鬼等
염 피 관 음 력
念彼觀音力
시 실 불 감 해
時悉不敢害

사나운 짐승들이 주위를 에워싸고
날카로운 이빨과 발톱으로 위협해도
저 관세음보살을 생각하는 힘으로
아득히 먼 곳으로 흩어져 달아나며

약 악 수 위 요
若惡獸圍繞
이 아 조 가 포
利牙爪可怖
염 피 관 음 력
念彼觀音力
질 주 무 변 방
疾走無邊方

살모사 등의 독사나 전갈류들이
타는 불의 연기처럼 독기를 뿜어도
저 관세음보살을 생각하는 힘으로
그 소리를 듣고서 스스로 돌아가니라

원 사 급 복 갈
蚖蛇及蝮蠍
기 독 연 화 연
氣毒煙火燃
염 피 관 음 력
念彼觀音力
심 성 자 회 거
尋聲自廻去

먹구름이 덮히며 천둥 번개가 치고
　　　　　　　　운 뇌 고 철 전
　　　　　　　　雲雷鼓掣電

우박과 소나기가 크게 퍼부을지라도
　　　　　　　　강 박 주 대 우
　　　　　　　　降雹澍大雨

저 관세음보살을 염하는 힘으로
　　　　　　　　염 피 관 음 력
　　　　　　　　念彼觀音力

삼시간에 구름 걷혀 활짝 개이느니라
　　　　　　　　응 시 득 소 산
　　　　　　　　應時得消散


중생이 갖가지 곤란과 액난을 당해
　　　　　　　　중 생 피 곤 액
　　　　　　　　衆生被困厄

무량한 고통이 몸을 핍박할 때
　　　　　　　　무 량 고 핍 신
　　　　　　　　無量苦逼身

관세음보살은 묘한 지혜의 힘으로
　　　　　　　　관 음 묘 지 력
　　　　　　　　觀音妙智力

세간의 고통에서 능히 구해주느니라
　　　　　　　　능 구 세 간 고
　　　　　　　　能救世間苦


신통력을 두루 갖추고
　　　　　　　　구 족 신 통 력
　　　　　　　　具足神通力

널리 지혜의 방편을 닦아
　　　　　　　　광 수 지 방 편
　　　　　　　　廣修智方便

시방세계 어느 국토 할 것 없이
　　　　　　　　시 방 제 국 토
　　　　　　　　十方諸國土

몸을 나타내지 않는 곳이 없으며
　　　　　　　　무 찰 불 현 신
　　　　　　　　無刹不現身


갖가지 모든 나쁜 세계 중생들
　　　　　　　　종 종 제 악 취
　　　　　　　　種種諸惡趣

지옥과 아귀와 축생 뿐아니라
　　　　　　　　지 옥 귀 축 생
　　　　　　　　地獄鬼畜生

나고 늙고 병들어 죽는 고통도
　　　　　　　　생 로 병 사 고
　　　　　　　　生老病死苦

차츰차츰 모두 다 없애느니라
　　　　　　　　이 점 실 영 멸
　　　　　　　　以漸悉令滅

참됨을 관하고 청정함을 관하고　　　　眞觀淸淨觀

넓고도 크나큰 지혜를 관하라　　　　廣大智慧觀

그리고 비관과 자관을 닦으며　　　　悲觀及慈觀

항상 원하고 항상 우러러 볼지니라　常願常瞻仰


티없이 청정한 광명을 발하는　　　　無垢淸淨光

지혜의 해가 어둠을 몰아내고　　　　慧日破諸闇

온갖 재앙과 풍파를 물리쳐　　　　能伏災風火

두루 세간을 밝게 비추나니　　　　普明照世間


대비의 마음은 천둥처럼 진동하고　　悲體戒雷震

대자의 뜻은 오묘한 구름이 되어　　慈意妙大雲

감로의 법비를 골고루 내려　　　　澍甘露法雨

번뇌의 불길을 꺼주느니라　　　　滅除煩惱焰


송사나 다툼으로 관청에 가거나　　諍訟經官處

두려운 전쟁터에 있을지라도　　　怖畏軍陣中

저 관세음보살을 생각하는 힘으로　念彼觀音力

모든 원결이 다 풀어지느니라　　　衆怨悉退散

88

진리의 음성과 세상의 소리
불보살의 음성과 조류의 소리
세간을 뛰어 넘는 승피세간음을
언제나 모름지기 생각할지니라

묘음관세음
妙音觀世音
범음해조음
梵音海潮音
승피세간음
勝彼世間音
시고수상념
是故須常念

한 생각이라도 의심하지 말지니
청정하고 거룩한 관세음보살은
죽음의 액난으로 고뇌하고 있을 때
능히 의지가 되고 감싸주느니라

염념물생의
念念勿生疑
관세음정성
觀世音淨聖
어고뇌사액
於苦惱死厄
능위작의호
能爲作依鞠

일체의 공덕을 두루 갖추어
자비의 눈으로 중생을 보살피며
바다처럼 복덕이 한량없으니
마땅히 머리 숙여 예배할지니라

구일체공덕
具一切功德
자안시중생
慈眼視衆生
복취해무량
福聚海無量
시고응정례
是故應頂禮

持地菩薩
그때 지지보살이 자리에서 일어나 부처님 앞
으로 나아가 사뢰었다.

세존이시여, 어떠한 중생이 이「관세음보살보

문품」의 자재한 업과 보문으로 나타내는 신통
력에 대해 듣는 이가 있으면, 이 사람의 공덕이
결코 적지 않다는 것을 능히 알겠나이다.


　　부처님께서 이「보문품」을 설하실 때, 대중 가
운데 팔만사천 중생이 가히 견줄 바 없는 아뇩
다라삼먁삼보리심을 발하였다.

# 관 음 경
## 觀 音 經
### - 관세음보살보문품 -

그때 <sup>無盡意菩薩</sup>무진의보살이 자리에서 일어나, 오른쪽 어깨를 드러내고 부처님을 향해 합장을 하고 아뢰었다.

세존이시여, 관세음보살은 어떠한 인연으로 '<sup>觀世音</sup>관세음'이라 이름하게 되었나이까?

부처님께서 무진의보살에게 이르셨다.

선남자여, 만약 백천만억의 한량없는 중생이 여러가지 괴로움을 받게 되었을 때 '관세음보살'이라는 이름을 듣고 일심으로 관세음보살의

명호를 부르면, 관세음보살은 즉시에 그 음성을 관하여 모두에게 해탈을 얻을 수 있게 하느니라.

만약 이 관세음보살의 명호를 기억하고 외우는 이가 있다면, 설령 큰 불 속에 들어가게 될지라도 불이 그를 태우지 못하나니, 이는 관세음보살의 위신력(威神力) 때문이니라.

또 큰물에 빠져 표류할지라도 그 명호를 부르면 곧 얕은 곳에 이르게 되느니라.

만약 백천만억의 중생이 금·은·유리·자거·마노·산호·호박·진주 등의 보배를 구하기 위하여 큰 바다로 나아갔다가 모진 바람을 만나 배가 나찰귀의 나라에 이르게 되었을지라도, 그 가운데 한 사람만이라도 관세음보살의 명호를 부르는 자가 있으면 모든 사람들이 나찰의 환란을 해탈하게 되나니, 이러한 인연으로 인해 이름을 '관세음'이라 하느니라.

또한 어떤 사람이 피해를 당하게 되었을 때

관세음보살의 명호를 부르면, 해치고자 했던 사
람의 손에 들린 칼과 몽둥이가 조각조각 부서
져 해탈을 얻게 되느니라.

만약 삼천대천국토에 가득한 야차와 나찰들
이 와서 사람을 괴롭히고자 하여도, 관세음보살
의 명호를 부르는 소리를 듣게 되면 이 모든 악
귀들이 그 사람을 악한 눈으로 볼 수조차 없게
되거늘, 어떻게 해를 입힐 수가 있겠느냐.
또한 어떤 사람이 죄가 있거나 죄가 없거나
수갑과 쇠고랑과 나무칼로 씌워 그 몸을 결박
당하게 되었을 때, 관세음보살의 명호를 부르면
모두 끊어지고 부수어져 곧 해탈을 얻게 되느
니라.

만약 삼천대천국토 중의 도적떼가 가득한 곳
을 한 상주가 여러 상인들을 거느리고 값진 보
배를 휴대하여 험한 길을 지나갈 때 그 가운데
한 사람이 말하기를,

"선남자들이여, 두려워 하지 말라. 그대들은 마땅히 일심으로 관세음보살의 명호를 불러라. 이 보살은 능히 '두려움 없음〔無畏〕'을 중생들에게 베풀어주신다. 그대들이 만약 그 명호를 부른다면 도적떼의 피해를 반드시 벗어나리라."

여러 상인들이 이 말을 듣고 함께 '나무관세음보살南無觀世音菩薩'을 부르면, 그 명호를 부르는 공덕으로 곧 해탈을 얻게 되느니라.

무진의여, 관세음보살마하살의 위신력은 이와같이 높고 크느니라.


만약 어떤 중생이 음욕심淫欲心이 많을지라도 관세음보살을 항상 공경히 생각하면 문득 음욕을 여의고,

만약 성을 잘 낼지라도 관세음보살을 항상 공경히 생각하면 문득 성냄을 여의며,

만약 어리석음이 많을지라도 관세음보살을 항상 공경히 생각하면 문득 어리석음을 여의느니라.

무진의여, 관세음보살에게는 이와같은 대위<sup>大威</sup>
신력<sup>神力</sup>이 있어 넉넉하고 풍족하게 이익을 베풀어
주나니, 그러므로 중생들은 항상 마음으로 생각
해야 하느니라.

만약 어떠한 여인이 아들을 얻고자 하여 관
세음보살에게 예배를 하고 공양을 하면 복덕과
지혜를 갖춘 아들을 낳고,
딸을 얻고자 하면 문득 인물이 단정하고 아
름다운 딸을 낳으리니,
그 자녀들은 숙세에 덕의 근본을 심었기 때
문에 많은 사람들의 사랑과 존경을 받느니라.
무진의여, 관세음보살은 이와같은 힘이 있느
니라.

만약 어떠한 중생이라도 관세음보살을 공경
하고 예배하면 그 복이 헛되지 않나니, 이와같
은 까닭으로 중생은 마땅히 관세음보살의 명호
를 수지해야 하느니라.

무진의여, 만약 어떤 사람이 62억 항하의 모래알 수처럼 많은 보살의 이름을 받아 지니고, 다시 그의 목숨이 다할 때까지 음식과 의복과 침구와 의약으로 공양을 한다면, 네 생각은 어떠하냐? 이 선남자 선여인의 공덕이 많겠느냐 적겠느냐?

무진의보살이 사뢰었다.

매우 많겠나이다, 세존이시여.

부처님께서 이르셨다.

만약 또 다른 어떤 사람이 있어 관세음보살의 명호를 받아 지니고[受持] 한 때라도 예배공양을 하면 이 두사람의 복이 꼭 같아 다름이 없으며, 백천만억겁이 지날지라도 그 복은 다함이 없느니라.

무진의여, 관세음보살의 이름을 받아 지니면

이와같이 한량이 없고 끝이 없는 복덕의 이익을 얻게 되느니라.

무진의보살이 부처님께 사뢰었다.

세존이시여, 관세음보살은 어떠한 모습으로 이 사바세계에서 노니시며, 어떠한 방법으로 중생을 위하여 법을 설하시며, 그 방편의 힘은 어떠하옵니까?

부처님께서 무진의보살에게 이르셨다.

선남자여, 만약 어떠한 국토의 중생이
부처님의 몸으로 응하여 제도를 해야 할 이가 있으면 관세음보살은 곧 부처님의 몸을 나타내어 그를 위해 법을 설하고
벽지불의 몸으로 응하여 제도를 해야 할 이가 있으면 곧 벽지불의 몸을 나타내어 법을 설하며

성문(聲聞)의 몸으로 응하여 제도를 해야 할 이가
있으면 곧 성문의 몸을 나타내어 법을 설하느
니라.
　　　범천왕(梵天王)의 몸으로 응하여 제도를 해야 할 이
가 있으면 곧 범천왕의 몸을 나타내어 법을 설
하고
　　　제석천왕(帝釋天王)의 몸으로 응하여 제도를 해야 할 이
가 있으면 곧 제석천왕의 몸을 나타내어 법을
설하며
　　　자재천(自在天)의 몸으로 응하여 제도를 해야 할 이
가 있으면 곧 자재천의 몸을 나타내어 법을 설
하며
　　　대자재천(大自在天)의 몸으로 응하여 제도를 해야 할 이
가 있으면 곧 대자재천의 몸을 나타내어 법을
설하며
　　　하늘나라 대장군의 몸으로 응하여 제도를 해
야 할 이가 있으면 곧 하늘나라 대장군의 몸을
나타내어 법을 설하며
　　　비사문천왕(毘沙門天王)의 몸으로 응하여 제도를 해야 할

이가 있으면 곧 비사문천왕의 몸을 나타내어 법을 설하며

인간세계 왕의 몸으로 응하여 제도를 해야 할 이가 있으면 곧 인간세계 왕의 몸을 나타내어 법을 설하며

장자(長者)의 몸으로 응하여 제도를 해야 할 이가 있으면 곧 장자의 몸을 나타내어 법을 설하며

거사(居士)의 몸으로 응하여 제도를 해야 할 이가 있으면 곧 거사의 몸을 나타내어 법을 설하며

재상과 같은 관리의 몸으로 응하여 제도를 해야 할 이가 있으면 곧 재관(宰官)의 몸을 나타내어 법을 설하며

바라문의 몸으로 응하여 제도를 해야 할 이가 있으면 곧 바라문의 몸을 나타내어 법을 설하며

비구(比丘)·비구니(比丘尼)·우바새(優婆塞)·우바이(優婆夷)의 몸으로 응하여 제도를 해야 할 이가 있으면 곧 비구·비구니·우바새·우바이의 몸을 나타내어 법을 설하며

장자·거사·재관·바라문의 부녀자의 몸으로 응하여 제도를 해야 할 이가 있으면 곧 부녀자의 몸을 나타내어 법을 설하며

동남·동녀의 몸으로 응하여 제도를 해야 할 이가 있으면 곧 동남·동녀의 몸을 나타내어 법을 설하며

천·용·야차·건달바·아수라·가루라·긴나라·마후라가·인비인 등의 몸으로 응하여 제도를 해야 할 이가 있으면 곧 천·용 등의 몸을 나타내어 법을 설하며

집금강신의 몸으로 응하여 제도를 해야 할 이가 있으면 곧 집금강신의 몸을 나타내어 법을 설하느니라.


무진의여, 관세음보살은 이와같이 공덕을 성취하여 다양한 모습으로 모든 국토를 노닐며 중생을 제도하고 해탈케 하느니라. 그러므로 너희들은 마땅히 일심으로 관세음보살을 공양할지니라.

이 관세음보살마하살은 두렵고 급한 환란 속에 처했을 때 두려움 없음을 베풀어주나니, 이와같은 까닭으로 사바세계에서 모두다 이르기를 '두려움 없음을 베푸는 이[施無畏者]'라 하느니라.

무진의보살이 부처님께 사뢰었다.

세존이시여, 저는 지금 관세음보살께 공양을 올리고자 하옵니다.

그리고는 곧바로 백천냥금의 가치를 지닌 수많은 보석으로 이루어진 목걸이를 풀어 바치면서 말하였다.

어진이시여, 이 법시(法施)의 진귀한 보배 목걸이를 받아주소서.

그러나 관세음보살께서 받으려 하지 아니하므

로, 무진의보살이 다시 관세음보살께 말하였다.

어진이시여, 저희들을 불쌍히 여기시어 이 목걸이를 받으소서.

그때 부처님께서 관세음보살에게 이르셨다.

마땅히 무진의보살을 비롯한 사부대중과 천·용·야차·건달바·아수라·가루라·긴나라·마후라가·인비인 등을 불쌍히 여겨 이 목걸이를 받을지니라.

그 즉시 관세음보살은 사부대중과 천·용·인비인 등을 불쌍히 여겨 목걸이를 받은 다음 둘로 나누어, 한 몫은 석가모니불께 바치고 한 몫은 다보여래(多寶如來)의 탑에 바치었다.

무진의여, 관세음보살에게는 이와같은 자재한 신통력이 있어 사바세계를 자유로이 노니느

니라.

그때에 무진의보살이 게송으로 여쭈었다.

묘한 상호 구족하신 세존이시여
제가 이제 다시금 여쭈옵니다
저 불자는 어떠한 인연으로서
관세음이라 이름하게 되었나이까

世尊妙相具
세존묘상구
我今重問彼
아금중문피
佛子何因緣
불자하인연
名爲觀世音
명위관세음

묘한 상호 구족하신 세존께오서
게송으로 무진의에게 답하셨도다

具足妙相尊
구족묘상존
偈答無盡意
게답무진의

그대는 들을지니 관음의 덕행은
어느 곳 할 것 없이 다 응하느니라

汝聽觀音行
여청관음행
善應諸方所
선응제방소

그 서원의 넓고 깊음 바다 같나니
한량없는 아득한 겁 지내오면서
천만억의 부처님을 모두 모시고
맑고 맑은 대원을 세웠느니라

弘誓深如海
홍서심여해
歷劫不思議
역겁부사의
侍多千億佛
시다천억불
發大清淨願
발대청정원

이제 그대 위해 간략히 설하리니
그 이름을 듣거나 그 몸을 보고
마음 모아 지극히 생각을 하면
능히 모든 괴로움을 멸하리로다

<ruby>我<rt>아</rt></ruby><ruby>爲<rt>위</rt></ruby><ruby>汝<rt>여</rt></ruby><ruby>略<rt>약</rt></ruby><ruby>說<rt>설</rt></ruby>
我爲汝略說
聞名及見身
心念不空過
能滅諸有苦

어떤 이가 해치려는 생각을 품고
불구덩이 속으로 밀어 떨어뜨려도
저 관세음보살을 생각하는 힘으로
불구덩이가 문득 연못으로 변하리

假使興害意
推落大火坑
念彼觀音力
火坑變成池

어쩌다 큰 바다에 빠져 표류를 하고
용과 물고기와 귀신의 난을 만나도
저 관세음보살을 생각하는 힘으로
파도가 능히 삼키지를 못하느니라

或漂流巨海
龍魚諸鬼難
念彼觀音力
波浪不能沒

수미산과 같은 높은 봉우리에서
어떤 이가 갑자기 밀어 떨어뜨려도
저 관세음보살을 생각하는 힘으로
해와 같이 허공에 머무르게 되며

或在須彌峰
爲人所推墮
念彼觀音力
如日虛空住

104

흉악한 사람에게 쫓기는 바가 되어
험난한 금강산에서 굴러 떨어질지라도
저 관세음보살을 생각하는 힘으로
털끝 하나 상하지 않게 되느니라

혹피악인축
或被惡人逐
타락금강산
墮落金剛山
염피관음력
念彼觀音力
불능손일모
不能損一毛

원수나 도둑들이 주위를 에워싸고
제각기 칼을 들고 해치려 할지라도
저 관세음보살을 생각하는 힘으로
도리어 그들이 자비심을 일으키네

혹치원적요
或值怨賊遶
각집도가해
各執刀加害
염피관음력
念彼觀音力
함즉기자심
咸卽起慈心

왕으로부터 벌을 받는 고난을 만나
형을 받고 죽음이 임박했을지라도
저 관세음보살을 생각하는 힘으로
칼날 등의 흉기가 조각조각 부서지며

혹조왕난고
或遭王難苦
임형욕수종
臨刑欲壽終
염피관음력
念彼觀音力
도심단단괴
刀尋段段壞

불행히 옥에 갇혀 큰 칼을 쓰거나
손과 발에 쇠고랑을 찼을지라도
저 관세음보살을 생각하는 힘으로
시원스레 풀어져 자유를 얻느니라

혹수금가쇄
或囚禁伽鎖
수족피추계
手足被杻械
염피관음력
念彼觀音力
석연득해탈
釋然得解脫

105

주술과 저주와 여러가지 독약으로
해치려는 사람이 있을지라도
저 관세음보살을 생각하는 힘으로
오히려 그 사람이 해를 입게 되느니라

呪詛諸毒藥
所欲害身者
念彼觀音力
還着於本人

흉악하기 그지없는 나찰을 만나고
독룡이나 여러 악귀 만날지라도
저 관세음보살을 생각하는 힘으로
누구라도 감히 해치지 못하느니라

惑遇惡羅刹
毒龍諸鬼等
念彼觀音力
時悉不敢害

사나운 짐승들이 주위를 에워싸고
날카로운 이빨과 발톱으로 위협해도
저 관세음보살을 생각하는 힘으로
아득히 먼 곳으로 흩어져 달아나며

若惡獸圍繞
利牙爪可怖
念彼觀音力
疾走無邊方

살모사 등의 독사나 전갈류들이
타는 불의 연기처럼 독기를 뿜어도
저 관세음보살을 생각하는 힘으로
그 소리를 듣고서 스스로 돌아가느니라

蚖蛇及蝮蠍
氣毒煙火燃
念彼觀音力
尋聲自廻去

먹구름이 덮히며 천둥 번개가 치고　　　<ruby>雲<rt>운</rt></ruby><ruby>雷<rt>뇌</rt></ruby><ruby>鼓<rt>고</rt></ruby><ruby>掣<rt>철</rt></ruby><ruby>電<rt>전</rt></ruby>

우박과 소나기가 크게 퍼부을지라도　　　降雹澍大雨 (강박주대우)

저 관세음보살을 염하는 힘으로　　　念彼觀音力 (염피관음력)

삼시간에 구름 걷혀 활짝 개이느니라　　　應時得消散 (응시득소산)


중생이 갖가지 곤란과 액난을 당해　　　衆生被困厄 (중생피곤액)

무량한 고통이 몸을 핍박할 때　　　無量苦逼身 (무량고핍신)

관세음보살은 묘한 지혜의 힘으로　　　觀音妙智力 (관음묘지력)

세간의 고통에서 능히 구해주느니라　　　能救世間苦 (능구세간고)


신통력을 두루 갖추고　　　具足神通力 (구족신통력)

널리 지혜의 방편을 닦아　　　廣修智方便 (광수지방편)

시방세계 어느 국토 할 것 없이　　　十方諸國土 (시방제국토)

몸을 나타내지 않는 곳이 없으며　　　無刹不現身 (무찰불현신)


갖가지 모든 나쁜 세계 중생들　　　種種諸惡趣 (종종제악취)

지옥과 아귀와 축생 뿐아니라　　　地獄鬼畜生 (지옥귀축생)

나고 늙고 병들어 죽는 고통도　　　生老病死苦 (생로병사고)

차츰차츰 모두 다 없애느니라　　　以漸悉令滅 (이점실영멸)

참됨을 관하고 청정함을 관하고 　眞觀淸淨觀
넓고도 크나큰 지혜를 관하라 　廣大智慧觀
그리고 비관과 자관을 닦으며 　悲觀及慈觀
항상 원하고 항상 우러러 볼지니라 　常願常瞻仰

티없이 청정한 광명을 발하는 　無垢淸淨光
지혜의 해가 어둠을 몰아내고 　慧日破諸闇
온갖 재앙과 풍파를 물리쳐 　能伏災風火
두루 세간을 밝게 비추나니 　普明照世間

대비의 마음은 천둥처럼 진동하고 　悲體戒雷震
대자의 뜻은 오묘한 구름이 되어 　慈意妙大雲
감로의 법비를 골고루 내려 　澍甘露法雨
번뇌의 불길을 꺼주느니라 　滅除煩惱燄

송사나 다툼으로 관청에 가거나 　諍訟經官處
두려운 전쟁터에 있을지라도 　怖畏軍陣中
저 관세음보살을 생각하는 힘으로 　念彼觀音力
모든 원결이 다 풀어지느니라 　衆怨悉退散

108

진리의 음성과 세상의 소리 　　　　　　　　　妙音觀世音
불보살의 음성과 조류의 소리 　　　　　　　　梵音海潮音
세간을 뛰어 넘는 승피세간음을 　　　　　　勝彼世間音
언제나 모름지기 생각할지니라 　　　　　　是故須常念

한 생각이라도 의심하지 말지니 　　　　　　念念勿生疑
청정하고 거룩한 관세음보살은 　　　　　　觀世音淨聖
죽음의 액난으로 고뇌하고 있을 때 　　　　於苦惱死厄
능히 의지가 되고 감싸주느니라 　　　　　　能爲作依怙

일체의 공덕을 두루 갖추어 　　　　　　　　具一切功德
자비의 눈으로 중생을 보살피며 　　　　　　慈眼視衆生
바다처럼 복덕이 한량없으니 　　　　　　　福聚海無量
마땅히 머리 숙여 예배할지니라 　　　　　是故應頂禮

　　　　　　持地菩薩
　그때 지지보살이 자리에서 일어나 부처님 앞
으로 나아가 사뢰었다.


　세존이시여, 어떠한 중생이 이「관세음보살보

109

문품」의 자재한 업(業)과 보문(普門)으로 나타내는 신통력에 대해 듣는 이가 있으면, 이 사람의 공덕이 결코 적지 않다는 것을 능히 알겠나이다.

부처님께서 이「보문품」을 설하실 때, 대중 가운데 팔만사천 중생이 가히 견줄 바 없는 아뇩다라삼먁삼보리심을 발하였다.

## 생활 속의 관음경 / 우룡스님  신국판 240쪽 9,000원

괴로움을 해탈시켜주는 관음경! 삶의 현장에서 관음경의 가르침을 여러 가지 영험담을 삽입하여 쉽게 이해할 수 있도록 하였습니다. 이 책을 읽으면 신심이 샘솟고, 이 책을 따라 기도하면 관음의 가피를 입어 소원을 성취하고 행복을 누릴 수 있습니다. 왜냐하면, 관세음보살의 본질과 기도성취의 원리를 설하고 있기 때문입니다.

## 관음신앙·관음기도법 / 김현준  신국판 240쪽 9,000원

우리나라 불자들이 가장 많이 신봉하고 있는 관음신앙. 이 책에는 관음신앙의 뿌리에서부터 관세음보살의 구원능력, 주요 경전 속의 관음관, 성관음·11면관음·천수관음 등의 7관음, 32응신, 33관음 등 자비관음의 여러 가지 모습, 일심칭명 일념염불의 관음기도법, 독경 사경 기도법, 다라니 염송 기도법, 횟수를 정하여 행하는 기도법, 관음색신관법 및 자광삼매 기도법 등 관음신앙과 관음기도법에 대한 것이 자세하고도 알기 쉽게 풀이되어 있습니다.

## 관음경 / 우룡스님 역  4×6배판 96쪽 4,000원

커다란 글씨의 관음경 해설과 함께 관음경의 원문과 독송법, 관음 염불 방법 등을 수록하여 관음경의 가르침을 쉽게 이해하도록 하였습니다.

## 관음경(아름다운 우리말 경전 ③) / 우룡스님 역  국반판 100쪽 2,500원

관음경의 번역과 함께 관음기도와 염불법에 대해 자세히 설한 책.

## 관음경 한글 사경

초 판 1쇄 펴낸날  2012년 11월 12일
      18쇄 펴낸날  2024년 12월 12일

옮긴이  우룡큰스님
엮은이  김현준
펴낸이  김연수

펴낸곳  새벽숲
등록일  2009년 12월 28일 (제321-2009-000242호)
주 소  서울특별시 서초구 반포대로14길 30, 906호 (서초동, 센츄리I)
전 화  02-582-6612, 587-6612
팩 스  02-586-9078
이메일  hyorim@nate.com

값 5,000 원

ⓒ 새벽숲 2012
ISBN  978-89-969626-0-1  13220